你给我一生永不失联的爱

雪柔 著

图书在版编目（CIP）数据

你给我一生永不失联的爱 / 雪柔著 . -- 北京：新世界出版社，2024.2

ISBN 978-7-5104-7794-2

Ⅰ.①你… Ⅱ.①雪… Ⅲ.①成功心理－通俗读物 Ⅳ.① B848.4-49

中国国家版本馆 CIP 数据核字 (2023) 第 227243 号

你给我一生永不失联的爱

作　　者：	雪　柔
策划编辑：	董晶晶
责任编辑：	曲静敏
责任校对：	宣　慧　张杰楠
装帧设计：	贺玉婷
责任印制：	王宝根
出　　版：	新世界出版社
网　　址：	http://www.nwp.com.cn
社　　址：	北京西城区百万庄大街24号（100037）
发 行 部：	(010)6899 5968（电话）　(010)6899 0635（电话）
总 编 室：	(010)6899 5424（电话）　(010)6832 6679（传真）
版 权 部：	+8610 6899 6306（电话）　nwpcd@sina.com（电邮）
印　　刷：	天津旭非印刷有限公司
经　　销：	新华书店
开　　本：	880mm×1230mm　1/32　尺寸：145mm×210mm
字　　数：	221千字　　　　　印张：9.25
版　　次：	2024年2月第1版　2024年2月第1次印刷
书　　号：	ISBN 978-7-5104-7794-2
定　　价：	52.80元

版权所有，侵权必究
凡购本社图书，如有缺页、倒页、脱页等印装错误，可随时退换。
客服电话：(010)6899 8638

我们的青春被一场又一场相遇和离别填满，
有的声势浩大，有的悄无声息，有的郁郁寡欢，有的充满遗憾……
我们无法提前预知一段缘分的发生，也左右不了他人有一天选择离开。
如果终究要在某个时间节点挥手作别，愿你真的爱过我，也为分别遗憾过。

自序

有人说，如果你在梦里遇见了谁，可能那人在现实生活中也正在想你。我时常梦到那些相识过的人，但我不知道他们是否此刻也刚好想起了我。

回忆起当初相遇的那些细碎时光，有的片段后来逐渐模糊不清，有的却在生命中留下不可磨灭的痕迹。

梦境里，我望见我们的关系是那样简单、纯粹，我们在花海里畅游欢笑，我们在夕阳下的桥头紧紧相拥。

他们大概也不知道，我的梦境是这般自在、美好。

人生总有数不尽的遗憾，有些一生中再无法实现的事，在梦境里却可以被重新安排，编织成一个令自己满意的存在方式，有趣且不可思议，这大概就是我喜欢梦境的缘由吧。

我不是什么赫赫有名的大人物，也没有许多天生可得的资源和特别多的财富，我只是一个愿意为了理想去终生追寻的前行者，一个只想写尽世间聚散悲欢的芸芸众生里的普通人。

我是雪柔，很高兴认识你。

段雪是我的姓名，雪柔是我的笔名。

我希望拥有女孩子温柔大方的外表，也希望拥有男孩子刚强果决的内心。

我是一个经常会把生活里鸡零狗碎的感受用文字拼接起来的人，当肉体无力表达内心感受时，文字可以表达。

我习惯享受当下生命中的一切情绪体验，好与不好的一并接纳。

我也目睹着周围人经历的五味杂陈，每一个平凡的故事都是最好的灵感来源。

我想要在这字里行间治愈你，也治愈我自己。

这本书里，有两性情感、认知提升和关乎成长的话题，没有那些所谓的鸡汤文字，再凄美的文字也终会被摔打进逆境的熔炉，最后才有可能锤炼出一个更高维度的所思、所感。在这里，有对爱情中常见的思维误区的剖析和一些真实有效的应对方法，有对亲情、友情的体悟与升华，也有我自己真真实实走过的路和在人生低谷中进行的深度反思与总结。

我一直认为，文字是具有能量的，我喜欢有能量的文字，我想要帮助你透过现象看到事物背后的本质状态，我希望处于迷茫中的你能够真正醒悟，醍醐灌顶。

很喜欢一位读书界领军人物说过的一段话："我给大家所讲的人生哲学并非鸡汤，如果关于成长的话题很容易和鸡汤挂钩，那么我所讲的是有勺子的鸡汤，是能够给到大家在面对挫折和困

分手也许很难过，但日子还得往下过，爱情从来都不是人生的全部。
我们还有永远爱着我们的家人、朋友，
别让爱你的人失望，永远为自己和爱我们的人而活。

难时行之有效的解决办法。"

我希望通过掷地有声的文字和有力道、启示性的故事，帮助正处于迷茫状态中的你及时清醒。

如果你对过去的自己并不十分满意，那么我希望你随时能生出蜕变的勇气，你可以大胆舍弃过去那个胆小的、陈旧的自己，我希望你的人生是动态向上的，包括认知、思维和格局。你随时能成为一个全新的人，只要你自己主动想变好，想去那更高的地方看一看，想要成为更好和更优秀的人。

我希望我们在面对很棘手的问题时，看待问题的角度能更加理性、客观，我希望你也可以清除掉那些无意义的烦恼，友善地对待自己，与自己和平相处。

如果我的故事很幸运成为你人生中的一个励志故事，或者帮助你解开了此刻些许的迷茫和困惑，我都将感到无比荣幸和幸福！

我们与外界所有关系的本质，归根结底都是我们与自己的关系。不论是感情失意还是其他关系最终走向离散，都跟我们自己有关。愿我们永远抱有重头来过的勇气和信心，也做一个拿得起放得下的人。

我会用自己全部的诚意和严谨的态度写下此书，希望它能给予逆境中的你更多的勇气和力量，如果还能够给你的人生提供一些有用的借鉴和帮助，那么这就是我坚持笔耕这件事情最大的意义。

我不擅长用十分华丽的词藻做修饰，也没有那些特别高明的写作技巧，我的文字只是我的故事本身，是我此前经历的全部人生体验，是我想给予你低谷时期里的陪伴和良药，也是我二十七岁前的全部人生的写照。

有人说我的年纪不大，身上的能量却总是无比充沛，也有人说我的样貌要比实际年龄小很多。如果人生能够重来，我还是会选择这样生活，并且我希望自己能有更加丰富的人生体验，正是它们时刻滋养、鞭策着我，我才能勇敢前行，愈挫愈勇。

努力，努力，再努力！

努力才能看起来毫不费力。我喜欢做事稳妥、永远保持谦卑上进的人，或许因为自己也是这样的人，所以喜欢和努力的人在一起越变越好。

熟识我的人还知道我是个特别有少女心的人，我喜欢甜甜的碎花裙子和蝴蝶结发箍，这也使我在开公司当老板后心里曾产生过些许矛盾。我曾担心在员工面前看起来不像个强势的大女人模样，又不想刻意变成其他的样子，我永远喜欢着这样的自己。我喜欢自己既理性又感性的头脑，更热爱元气满满和美好向上的状态，我希望我的外表永远是柔软的、可爱的。

规划这本书的初衷是因一段难忘的深圳往事，他是深圳男孩，也是再不会重逢的前任。在此书完结后，我已将旧事归于纸笺，放于火焰中燃烧，捡起带有火星的纸灰，触碰时指尖的痛抵达心脏，在真真切切地感知了疼痛后，再把它们扬起化为漫天星光。

如果你也经历过不合适的感情，遇到过纠缠不清的人，愿这本书可以给你带去些许勇气与果敢，促你放下错误的感情，完成属于自己的凤凰涅槃。

这本书的故事在写完最后一个标点符号时已经走向完结，但我知道，从众多书籍中发现了它的你，一定也是一个情感丰富的人，一个经历过苦难却没有向生活低头的强者。

感谢缘分让我认识了这么好的你，这里将是你我相识的开端。

关于遗憾

穿过失恋的暴风雨后，如果一切重新来过，你还会选择和他相恋吗？假如今天的你和昨日的他从头来过，是否一切会变得有所不同？

可惜没有如果，往事也无法回头。

我们为一段不可复原的感情深感遗憾，为一段潦草结束的过往心有不甘，但希望我们更加明白的是，走向破败的关系，虽然没能以圆满作为句点，却也教会了我们更多。

有些事上天让你做不成，别问缘由，那是在救你远离于水火，为了给你安排更加珍贵的礼物。

遗憾最大的意义，不在于遗憾本身，而是夹杂了委屈、酸楚、等待、失望等诸多情绪之后的明白，是深知无法重来却也不必重来，是经历过失败的感情却依然没有对爱失望的我们，是今后可以给未来那个人更多、更优质的爱的我们，是属于我们自己的自我救赎和成就。

关于成长

不要总是抱怨人生里的难，那一切都是你本该走的路，是曾经的我们自己做出的选择，是那一刻的全部心念构成的行为总和，你就应当为自己的选择负责，为结果买单。

当我们感受到吃亏、受委屈却无人帮扶时，把脑子里想的"为什么承受这些的人会是我？"换成"这件事能让我在人生的体验场上再历练到什么？"，那么人生就能豁然许多，成长进步的通道便迅速打开。

把那些不断为难着自己的事儿当成游戏中的"妖怪"，看看能不能升级通关打怪，完成一次又一次看似不可能完成的任务。

我们的一生，注定是一个人来到这个世界，最后又一个人离开，没有人能够永远陪伴左右。

我们的父母赐予我们生命，养育我们长大，他们给予了我们这世间最美好的爱，但我们不得不承认，他们终究会比我们提前一步变老。而伴侣，也是在某一天突然出现，幸运的话两个人可以携手走一段很长很长的路，但年华老去，也许某一天一方也会提前离场。

我们注定要独自面对人生里的难，学会理性地思考，学会与恶抗衡。

  我们注定要明白，谁也无法成为谁永远的依靠，唯有强大自己，把自己变成依靠，才能保护更多我们想要保护的人。

  在这本书里，有简单纯粹的天真、认认真真的努力，有歇斯底里后的沉默，也有风轻云淡的随意。
  说是写五味杂陈的人世间，其实写的分明是我们自己。
  每一个无眠的夜晚，我们同在！

  爱是你做自己就好，是欣赏，是自由。
  爱是轻轻试探却又收回手，是分享，也是心疼。
  爱是可以不在一起，是缘尽仍留慈悲，是破例，是成全。

雪柔
2023 年 10 月 写于苏州

  在韩国上学时，和朋友从首尔坐 KTX（韩国高铁）到釜山，去甘川文化村寻找童话中的小王子。

  微微细雨中的甘川文化村别有一番景色，我们途经各色房屋与村落，也被路边无名的小花惊艳过。

  到了小王子和小狐狸的打卡地，拍照的游客数不胜数，我在远处拉近镜头，按下快门。

首尔北村韩屋村的一家咖啡店,
旅行至此处小憩,被庭院一角关于海岛的照片墙吸引,于是用镜头记录下来。
愿我们永远拥有时刻让自己开心与幸福的能力。

目录

Chapter 1
爱情要从一束花和一句面对面的告白开启

多给爱情增添些仪式感 / 01

喜欢无对错，但自我感动毫无意义 / 08

一厢情愿的感情不会有好的结果 / 17

爱没有错，婚姻也没有错，错的是人 / 23

最浪漫的一次恋爱，要和自己谈 / 31

真正爱你的人，会爱你的千百种模样 / 41

Chapter 2
做个"心机女孩"，别把心爱的人推远

掌握关系的主动权，就等于拿到了通往幸福的入场券 / 52

恋爱的升华来源于自尊的守护 / 61

男人如风筝，你只需握好手中的线 / 68

爱的棒棒糖，总偏向于奖赏会哭闹的小孩 / 75

宝贝，你的眼里有小星星呀 / 85

Chapter 3
人不耗尽所有的期待，总是很难说再见

分手后好聚好散，才不枉相爱过一场 / 95

缘尽之人，即使相隔几个街区，也终不会再见 / 102

你我历经生死，分开已是最好的结局 / 111

这世间悲伤如林，但他们其实从未离开 / 119

给你痛苦的人，也曾给过你快乐 / 126

就像在机场等不到船只，你等不到他 / 133

Chapter 4
你是谁，往往决定着会遇见谁

愿你活得坦荡，也能赢得漂亮 / 141

尊重自己，从远离消耗的关系开始 / 150

要么他成为你生命中的那个人，要么他只是你生命中的一堂课 / 157

别去等这世上唯一契合的灵魂 / 165

一个人有怎样的成就，就看他能承受多大的委屈 / 173

最愚蠢的事，是做感情里的第三个人 / 182

Chapter 5
爱人先爱己，真爱永不失联

爱情可有可无，没钱真的不行 / 187

如果爱情迟到，至少先让自己快乐起来 / 193

生而有翼是好牌，匍匐前行是姿态 / 200

苦难的背后，皆是礼物 / 208

在深渊里静静待一会儿，然后自己爬出来 / 215

Chapter 6
不忘初心，风雨兼程

我有一轮孤单心事，今夜长明 / 223

葡萄柚绿其实一点也不好喝 / 236

我有一位特别棒的妈妈，我要用一生守护她 / 242

你对我好的时候，整个人都在闪闪发光 / 251

撷一朵时光的玫瑰，在明日里新生 / 256

改变思维、提升认知的 30 条智慧锦囊 / 263

后记　致每一个独自走出低谷，依然大步朝前的人 / 266

好的爱人给人带来光明，坏的爱恋也助推你成长。
痛苦的背后亦是礼物。

分手也许很难过,但日子还得往下过,爱情从来都不是人生的全部。
我们还有永远爱着我们的家人、朋友,
别让爱你的人失望,永远为自己和爱我们的人而活。

  定格在我记忆中的几个背影,至今依旧清晰。
  我们的人生啊,哪有那么多阔别重逢,多的是爱而不得、停在原地和再也不见。如果可以,我希望那场爱恋的结局是——永不失联。

Chapter 1

爱情要从
一束花和一句面对面的
告白开启

多给爱情增添些仪式感

多给爱情增添些仪式感吧！
一束花，一句郑重其事的"我爱你"。
正如《慢慢喜欢你》中所唱：
"慢慢喜欢你，慢慢地回忆，慢慢地陪你，慢慢地老去，因为慢慢是个最好的原因。"

♡

从前车马慢、邮件慢，一生只够爱一个人。而如今，在社交网络发达、生活节奏被不自觉加快的今天，火速地恋爱，再火速地分开，一切都被看作稀松平常，人与人之间的感情也可以轻松按下快进的按钮。游戏场上的人能随意亲吻，刚认识的两个人也可以迅速跳过恋爱里的所有步骤，直接进行到最后。

如果希望爱情细水长流，守护好一段关系，那么就不要轻易跳过感情里的所有步骤，要学会掌控好恋爱的节奏。

往往不清不楚地开始，结果只有不明不白地结束。

爱是细水长流。

爱情记得从一束花和一句面对面的告白开始。

买花是结束单身、开启恋爱的一种特别棒的仪式！在这个时代，表达爱意的方式有很多种，但我一直更钟爱这种带有些许"俗气"却无比热烈的表达方式。

让他对你的喜欢，不是临时起意，让他在买花路上想着你会喜欢什么样的花儿，什么花语更适合你们之间的独特爱恋。

望着他，看他心怦怦地把花递到你手里，说出那句话：

"我想和你在一起！"

♡

我是一个特别喜欢花的人，尤其是玫瑰，我喜欢玫瑰的色泽鲜艳欲滴，香气浓郁热烈，带刺却让人爱不释手。如果追我的男孩对我说"买什么花啊，浪费钱还不实用"，我会立刻把他刷掉。本质上说是三观不同，在一起后也会存在诸多问题，因为他并不懂得女孩儿都希望拥有浪漫的爱情和在爱情中很重要的仪式感。

仪式感也不应该只存在于爱情的开端，生活也需要用仪式感调味，才不至于把爱消磨在乏味枯燥的日子中，最后两个人大眼瞪小眼，从无话不说走到无话可说。

后来，我也会对别人讲，自己买花的女孩儿岂不更酷！不仅流露出对生活的万分热爱，更生出几分独立的个性。

　　其实我也夹杂了几分嘴硬，哪个女孩子不希望收到男生送的花呢？尤其是两情相悦的关系。如果决定了要开启一段恋爱关系，不管男生有没有买花，都记得向他要一束吧！

　　让爱情从甜甜的花香中蔓延开来，别对方什么都没做，只说了几句好听的情话，便稀里糊涂地陷进去了。不费吹灰之力得到的爱情，在今后的日子里容易打折扣。

♡

　　相比在手机里收到告白信息，两个人决定在一起，我更加喜欢面对面的告白方式——更真实、可信，也更可靠。

　　不知从何时起，手机似乎成为许多人感情中的一颗定时炸弹。

　　寂寞的人和异性聊几句就能聊出深刻的感情，有伴的人也可以背着对方，肆无忌惮地做着越轨的事情。

　　在手机里，面对一个不那么熟识的对象，甚至是刚刚认识的人，听对方说上几句久违的情话，似乎对方就成了世界上最懂得自己的"唯一"。甚至在样貌品行一切未知的阶段就非他不可，认定了对方是自己命中注定的"真命天子"。

然后把所有的依赖、期待、渴望都投射到了对方身上。

而隔着屏幕，你看到的，大多都是对方想让你看到的。他的告白，他的体贴，那些他性格里不好的一面，负面的、不适的情绪，都可以很轻松地被隐藏起来。话语可以是温柔的幻象，动动手指就能上演一出最爱你的剧目，而一切很可能只是虚假的泡沫。

如果他真的想和你在一起，那就该去面对面地谈感情，而不要在手机里轻易地离不开对方。

很多时候，人与人之间的误会、隔阂也是在手机里发生的，恋爱中莫名其妙地被"冷暴力"：你信息轰炸，他却信息不回；或者对话框中留下"分手"二字，从此便杳无音信、形同陌路，全然不顾及昔日的一丁点情分。

这些都很容易让感情迅速走到破裂的境地。

一个人如果缺失最基本的在现实生活中和伴侣沟通的能力，遇到问题就回避或者用"冷暴力"的方式对待另一方，那么大步走开才是更加明智的选择。

我并不喜欢总是在手机里谈恋爱的相处方式，如果不是异地不得不用手机维系感情的话，面对面谈感情显得更真实，也更有趣味。

能直接望到对方的表情，感知对方当下的真实想法，更容易增加彼此之间的了解和信任，这才是成年人成熟的恋爱方式。

并不是说在信息里表白和接受表白不可以,这要区分不同的情况。如果双方经常见面,收到了表白信息后很快又见面了,那么没有问题。但如果只是对方随口说出一句话,又或是带有几分不切实际的网恋,而我们自己却当了真、动了情,甚至收拾好了行囊准备跋山涉水、奔赴情场,那么面临的就很可能是一场伤害。

在分不清楚真假的阶段,千万不要满腹真心、一腔热血地付出。

以为自己终于脱单了,一切看似很顺利,但除了一份甜蜜的聊天记录,其他都是虚无缥缈。

去现实生活里谈感情吧!

去面对面地表达和接受爱意。

去瞅瞅他各种各样的小表情,看看他望向你时的样子能不能令你心生欢喜。

♡

以前人们关于恋爱的回忆是留在脑海里或者照片上,而现在大多是留在聊天记录里。刷不完的表情包,牵动对方情绪的朋友圈,几乎占据了恋爱中两个人的大部分。

以前我也有翻不完的聊天记录,我曾经又是个特别恋旧的人,所以第一次分手时,我曾把所有聊天记录从头刷到尾,刷到手酸,感情结束了还不肯放过自己,好像还在乐此不疲地复盘着那些痛苦和甜蜜的瞬间,像是在找些什么证明似的。结果就是鼻子酸了一次又一次，眼睛红了一圈又一圈。

虽然大家白天都很忙，许多时候只有通过手机关心问候伴侣，分享日常给爱的人，但我不会把每天的大事小事都通过打字分享给另一半。

人在遇到事情时第一时间如果不是自己思考解决办法，独立面对和自我消化，而是不通过大脑思考就把当下所有的内心感受全部分享出去，那便很难在精神层面得以快速成长。

如果分享的是积极情绪还好，若是负面情绪，那只会让这件事情更加难办，徒增更多的烦恼，也更容易给情感关系带来不必要的困扰。

♡

多给爱情增添一些惬意和朦胧感吧！别那么着急，如果你真的急得不行，那就请你做好充分的心理准备，也做一个拿得起放得下的人。

别去把那种快速得到的关系当成爱情，结果把心也狠狠地交付了出去。如果能明白这一点，那么就不会在感情里太受伤，至少不会伤得太重。

我想一生都做一个自由且浪漫的人，去想去的地方，爱想爱的人。

我要做一个灵魂有趣的人，和相守之人相看两不厌，眼里有光、心中有火焰。

我要让爱情从一束花和一句面对面的告白开启。

也许曾经由于我们自身经营不当而造成感情的破败，不仅错过了眼前之人，更错过了原本可能与之契合的另一种人生。

那么我希望总有一种遇见可以走到永远的相守，我愿悉心经营、细水长流。

喜欢无对错，但自我感动毫无意义

喜欢一个人的时候总是说不清道不明，
但对方是否同样喜欢我们，决定权就不在我们手里了。
强求别人的喜欢和回应，更加没有意义，
喜欢是一个人的事，而相爱是两个人的事。

♡

你可能会说："喜欢上一个人有错吗？"
一点都没有错。

可能是望到对方的那一眼，就被他身上与众不同的气质吸引住了。
也可能是一句温柔的话语、一双清澈的眼眸就让自己流连忘返。

"那对方要是不喜欢自己呢？"
当然也没错。

对方会不会同样喜欢我们，决定权从来就不在我们手里。

强求对方必须回以同等的喜爱，更是错上加错。

喜欢一个人的时候，会小鹿乱撞，患得患失，不敢直视对方的眼睛，甚至刻意疏远，但内心又很想和对方靠近。

喜欢一个人的时候，总是说不清道不明的。

也许别人觉得他很一般，可自己就觉得他是最独特的那一个。会不自觉地揣测对方的一举一动，寻找那些可能与自己有关的蛛丝马迹，甚至把自己也强行带入到"对方也在偷偷喜欢我"的心愿剧目和无限遐想之中。

我也有喜欢上一个人的时候，那种感觉叫人既上头又戒不掉。牵扯自己的精力不说，一时间也不一定能有个令人满意的结果，要是关系搞僵了很可能连普通朋友都做不成。

虽然喜欢一个人也是一件美好的事，但后来我逐渐觉得，这种暗恋或者单方面的喜欢使人心累，当我们把大部分注意力放在别人身上时，自己身上的能量是分散的，气场也变得越来越弱。

而我们把精力都聚焦在自己身上时，整个人的精气神就凝聚在一起了，可以更准确地为自己做长远规划，认清楚当下最重要的是什么，什么事情是应该花更多时间和精力去完成的。

把目光放得长远一些，才不会只拘泥于眼下的得失而自怨自艾，才能更踏实地走好脚下的每一步，才可能拥有一种闲庭信步的"松弛感"。

喜欢别人没有错，但你得更加喜欢自己，并且时刻照顾好自己。

当你毫无保留地喜欢自己、投资自己时，你会发现，有更多人开始想要走近你、了解你，喜欢你的人也越来越多。

因为此刻你正在让自己发光发亮。

并且当我们足够地爱自己时，是不会惧怕对方给予的回应是肯定还是否定的。

因为"我"知道"我"很好，所以"我"永远可以坦然地面对你的"裁决"，你的喜欢与不喜欢都是你的事，"我"永远都是一个值得被喜欢、被好好珍惜的人。

倘若我们在喜欢一个人时能怀有这样的心念，用更加自信和达观的心态面对自己喜欢的人，那么我们的喜欢完全不会因主动而变得廉价。

倘若对方践踏了我们的喜欢，我们也能够随时收回自己珍贵的付出，及时止损，保证感情不受伤害。

♡

在恋爱这件事情上，最忌讳的就是喜欢上一个人后一头扎进去死也拔不出来，不论对方的回应是什么都不管不顾，好像恋爱完全是自己一个人的事儿。

如果被对方直接拒绝还算是好的，至少对方表明了自己的态度，而不是一边享受着你的喜欢，一边又不和你在一起。

在我认识的人当中，我就真实地见过这种在男女关系里扮猪吃老虎的情况，真有人揣着明白装糊涂。

结果就是喜欢的一方长时间陷在一段自我感动的关系中进退不得，从一个正常人逐渐走入十分抓狂的状态，甚至产生心理问题，陷入抑郁。

偏又有这样的人，无关性别，明知道对方想和自己在一起，又偏偏装作不明白，还时不时地向对方释放可能性。

当对方想要说出口时，他们总能找出各种由头又把话题搪塞回去。一来二去，享受着别人对自己的喜欢和崇拜，而使深陷其中的一方很长时间从这段关系中走不出去。

对于善于玩弄别人感情的人来说，他们只是把对方当作"备胎"，当成他们鱼塘里的一条鱼。他们明明心里比谁都清楚对方的心意，却又偏偏装作不明白，把对方当成能随时撩拨一下的玩偶。

且不说糟践别人的感情这种行为令人不齿，即便我们在对一个人心生欢喜之时也要眼明心亮，别白白把时间和真心耗在一个不值得的人身上。

如果，一个人真的想和你在一起，即使你或对方有恋爱中的朋友，他还是会忍不住来主动找你，随便有一搭没一搭地说上几句话，看看有没有可能和你有更多的交集，先刷刷存在感再说。

别给我释放那似有若无的信号,我很忙,喜欢我的人都在使出浑身解数想要挤进我的世界,我没那个时间和你竞猜。

如果你的喜欢不足以支撑你来找我,那我宁愿你从未喜欢我,甚至讨厌我。

倘若我们在喜欢一个人的时候,能够站在对方的立场上看待对方的行为,而不是剃头挑子一头热,处在自己的情绪中自我感动,越陷越深,那么也许很多不必要的伤害便不会发生,也不会在没有结果的事情上周旋很久。

$\heartsuit$

我们这一代人小时候大多是看琼瑶剧长大的,剧中的情节总能感人至深,男女主角深深地爱着彼此,历尽千难万难最后走到一起。这种一生一世一双人的想法从小就深深植入了我们的脑海。

并非剧中的情节不好,相反,如果现实中的感情都能做到如此,没有变心、出轨,人人情比金坚,就再好不过了。

以前我也以为男生和女生在看待感情这件事情上没什么不同,喜欢一个人就会好好地在一起,没办法在一起也可以好聚好散。

但人和人是完全不同的,性格、生长环境、原生家庭这些因素更是直接影响了一个人处理感情问题的态度。就拿我自己的情感经历来说吧,我遇到过事事依顺、包容我的人,也遇到过自私、冷血的人,甚至还遇到过回避型人格的人。

吃亏使人快速成长，人在低谷时更能看清人性的多面化。

在经历过事情后，我们需要一点悟性，也需要更多的反思和总结。既不能不思考感情失败的原因，也不能缺失对美好爱情的向往和信心。

生活不是电视剧，没有那么多痴情的人设，也没有谁离开谁就真的不能过。

这个世界上谁离开了谁都可以重新过活，要是因为得不到对方的回应就自怜自艾，浪费自己大把大把的时间，把心情搞得一团糟，那才是真正的不值！

如果你的倾慕之心总得不到对方回应，那就别一而再再而三地释放爱慕对方的信号了。

事实的真相有时很残酷，对你冷漠就是在焐热别人，人人都有分享欲，如果对方没有明确地向你走来那就证明你在他那里可有可无，如果永远都翻不到关于他的信息，那不如潇洒一点儿，转身大步离去。

多把心思花在自己身上，少花心思在一个不喜欢或者不那么喜欢你的人身上。

♡

我曾经亲眼看到一个女孩把自己的一片痴心错付在一个根本不喜欢她的人身上。

当她想要一个明确的关系时，对方永远在装傻；当她想退出这种模棱两可的关系时，对方又会对她嘘寒问暖，让女生乖乖地回到自己的"鱼塘"。

玩着"你退我进，你进我消失"这种欲擒故纵的游戏，就是不给对方一个明确的回应。

最后女生还天真地认为自己已经和对方在一起了，错把这种模棱两可的关系当成爱情。殊不知男生根本就不承认这段恋爱，也从来没有和她真正在一起过。

如果遇到了这种人，我们的喜欢就会变得廉价、一文不值！

喜欢一个人可以，但你时刻都不要忘了自己，千万不要把自己放到最后一位。

你才是自己人生的主角，你要掌控你人生的主场，而不是随随便便就能被别人带跑带偏。

♡

人海茫茫，不过如此！

人与人之间的关系到最后，不过是相识一场。

不论何时何地，都希望我们能心生出许多果敢与勇气。

不论今天发生了什么，我们做错了什么，明天太阳升起的时候，都让它成为过去。我们依然要积极乐观地面对今后的日子，余生永远值得认真对待。

喜欢一个人的时候大多是盲目的。
即便似乎感觉对方没有哪里特别好，但总能被轻易地撩拨到，忘不了，放不下。

愿我们在心生欢喜时，能更多地生出一些爱自己的智慧，客观地评判对方看待这段关系的态度。
别盲目地自我感动，以为这就是爱情，就是最好的年华里最好的人。

因为现实中，对方也许只是一个再寻常不过的普通人，是我们的喜欢，给他身上加了一层滤镜，放大了他的优点，隐藏了他的不足，使他变得无比美好。
一个足够自信的人，敢于在别人面前暴露自己的缺点，勇于接纳自己的不足。
一个足够强大的人，不会惧怕别人对自己的评价如何，在意别人会不会不喜欢自己。

一千个人眼中就有一千个哈姆雷特。
越是逢人便把自己高高抬起往自己脸上贴足金子的人，其实越证实了他内心的自卑和面对比自己更强大的人时的不堪一击。

一个足够自信的人,敢于在别人面前暴露自己的缺点,勇于接纳自己的不足。
　　一个足够强大的人,不会惧怕别人对自己的评价如何,不会在意别人喜不喜欢自己。

　　一千个人眼中就有一千个哈姆雷特。
　　越是逢人便把自己高高抬起往自己脸上贴足金子的人,其实越证实了他内心的自卑和面对比自己更强大的人时的不堪一击。

一厢情愿的感情不会有好的结果

有时我们想着把自己的一腔赤诚摊在对方面前，对方能欣然收下并且珍藏，
但事实往往不尽如人意，
你对他越好，他越是把你看得很低很低。

"上赶子"不是件好事，感情也从不是"逼"和"求"来的，
得不到明确的回应就是回应，沉默就是答案。
别发一段一段的"小作文"，别成天想着那个不爱你的人在干什么，
做好自己，要为自己而活！

♡

婷婷是我几年前在深圳工作时认识的一个女孩，那段时间我们是同事，性格相投，关系要好。

她说自己已经三十岁了，但这是她的第一份工作。之前忙着考博，工作的事情就一直耽搁着。

婷婷从小生长在珠三角这片土地上，家庭条件一般，父母离异，但因为一直和家人生活在一起，所以她此前都没有出来工作过。

那阵子我经常见她抱着手机不撒手,有一次还说有个朋友帮她点了两杯奶茶,要我们俩一起喝。后来我才知道,原来那是婷婷在网上认识的一个男生,男生在杭州,在我和她认识之前,她就已经去杭州见过那男生了,但关系至今不清不楚。

婷婷说自己从来没有谈过恋爱,这是第一次特别喜欢一个人。她还说自己外貌不佳所以十分自卑,加上原生家庭的不完整使她极度缺爱,所以在遇到那个男孩之后,她觉得和对方很聊得来,很快便陷了进去。

听说这些后,我只心疼得想抱抱她。

♡

当时为了和那个男生见面,她千里迢迢坐火车去杭州找那个男孩。

他们在小区里相遇,她逗着对方牵的狗狗,时不时羞涩地看向男生,男生没多说些什么,之后和她一起吃了饭,看了电影。

她跟我详细描述着当时自己对对方的那种喜欢,像极了一个情窦初开的少女,用最柔美的方式诠释当时的场景——遇见了心动的恋人。也像曾经的我们,不论和喜欢的人相遇是一场恩赐还是劫难,都想把那些难忘的场景诠释得无比美好,宁愿相信对方也同样深爱着自己。

可眼睛有的时候会骗人,连我们的心也一并被欺骗了。如果对方真如她口中所说的那般美好,婷婷也不会有之后向我诉说的无限烦恼。

令我感到吃惊的是,男生在和她认识的第一天,他们就去了酒店。那时我一下子就明白了。可婷婷不明白,我也不知道要如何才能让她明白。

其实我从来都不想打破她对初恋的这份美好解释，所以我什么都没说。我只是在心中默默地感到心疼，因为对方从来都没有把她的感情同样视若珍宝。

♡

我们一起工作那会儿，他们已经认识有几个月了。她说自己现在苦恼的是：给男生发信息，对方回复总是很慢，并且经常借口忙，很少和她聊天。

每当婷婷想追问和男生的关系时，对方就跑得很快，闭口不答。婷婷发长段长段的"小作文"，对方更是消失得无影无踪。

后来她告诉我："他说了，算是情人或大姐姐的关系吧。"

即使知道答案，她仍然甘之如饴。

该发生的都发生了，再想要一个女朋友的身份是不可能了。如果把爱也一并交付给了对方，那难过的岂不是只有自己？

她说自己很难受，不知道该怎么办。

她很想找他确立关系，可是她逼得越紧，对方跑得越远。

步骤错了，再想升级关系，不是没有可能，但确实很难。

♡

因为工作原因，后来婷婷离职了。她还是会时不时地联系我，问我一些关于自己的情感困惑。后来她又去了一次杭州，甚至跟我说不回深圳了，打算在那里找工作。

她给我罗列了一堆七七八八想要留在杭州的理由，但我知道，那个她最想避开的理由才是她心底里最真实的想法：

她想和他在一起。

临行前我劝她最好别再去找他了，可她放不下，她深深地爱上了那个男生，即使没有名分，仍要飞蛾扑火。

果然接下来的事情和我料想的一样，那男生还是在很短的时间里和她见面，做完想做的事后就离开，留下她一个人进退不得。再后来婷婷去了上海，她同我讲自己去看了心理医生，她也逐渐意识到自己身上有很多问题，她想慢慢地放下执念，得以解脱。

喜欢一个人没错，但如果对方什么都没有为你付出，你却跋山涉水主动找上门，那最后大多是飞蛾扑火、难求善果。

别为了一个模棱两可的人轻易失掉自己，别去做傻事，别让自己的爱变得如此卑微和廉价！

就像市场上买卖货品，紧追着买主硬要把手里的货卖给人家，塞到人家手中，人家也不稀罕。

强扭的瓜并不香甜。

单向奔赴不仅没有意义，反而容易让自己在感情里患得患失，最后变成自己最不喜欢的模样。

对于爱情，是自己的躲也躲不掉，不是自己的求也求不来。

♡

这样的情景听起来似乎很浪漫：

爱一个人，于是不管不顾地抛下一切，翻一座山独自去一座陌生的城市，只为能和那个人靠近一点，多参与一点对方的生活。

可爱情是双向选择，一个人热血沸腾，一个人躲躲闪闪，最后不过是感动了自己罢了。太容易得到的关系即使发展成爱情，也难以被好好地珍惜。

令我感到欣慰的是，婷婷最后还是回到了深圳，终归没有一错再错下去。感情从来都不是求来的，而靠的是吸引、自重、自爱。

如果你发现路走错了，愿你能迷途知返、及时止损，停下来掉转方向就是好好爱自己的第一步。

你走在路上迷路了，就连导航地图都会向你发出提示："您已偏离方向，已为您重新规划路线。"

你还不明白吗？

不是你去到对方所在的城市站在了对方的门前，他就一定也会张开双臂揽你入怀。即使你们在一起了，反观他又为你做了什么呢？而你离开自己的亲人，放弃自己的朋友，远走他乡，最后就真的能有一个圆满的结局吗?

　　我们不要轻易对别人产生巨大的心理依赖,感情的真相有时很残酷,也很现实——当对方感受到你根本离不开他时,他就会更加肆意妄为。如果你跟他之间没有一丁点感情基础,也并非是恋人关系,那他更会第一时间摆脱你,怕你从此纠缠上他。

　　千万不要对别人产生巨大的托付心态,因为到最后会压垮自己,更会亲手把自己推向无边的深渊。

　　与其花时间留恋别人,不如好好经营自己,让自己的内心逐渐丰盈起来,忙忙碌碌中,就不会患得患失,我们总期盼在一段亲密关系中,在对方身上找到治愈自己的药方,但如果我们总把希望和期待寄托在另一个人身上,期望别人来治愈自己,而不去学会自我疗愈,那么即使匆忙进入到下一段关系中,也有可能比之前更加糟糕。

　　不断地在失望和期待中寻找新的人治愈自己,并不是明智的选择,只能是再次受到伤害。

　　别人并不能使你更加完整,两个不完整的人拼凑在一起也不能帮你弥补你本身不够完整的部分。

　　正确的做法是反观自省,学会自己对自己的行为负责,自己健全自己内心缺失的部分,而不是从对方身上找答案让对方帮你填补完整。

爱没有错，婚姻也没有错，错的是人

低质量的婚姻不仅消耗人的"精气神"，更容易使人陷入无法收回的沉没成本中，而往往最后，他也不一定会领情，
反而怨恨要与你在贫乏无味的日子里重复半生。
多做一些自我提升的事情，别轻易为谁牺牲掉自己越来越多宝贵的东西。
别做一个极致恋爱脑的人，眼里有光、心中有梦想、兜里有钱更重要。

♡

在写这篇文章时，我专门在百度百科搜索了一下关于"恋爱脑"的解释：

"一个网络流行词，是一种爱情至上的思维模式，是一恋爱就会把全部精力和心思放到爱情和恋人身上的人。"体现在恋爱时愿意付出一些不菲的代价去换取对方的满足、陪伴等，认为自己所做的一切都是为了对方，宁愿做出很大的让步，多见于恋爱付出型人格。

不仅恋爱中我们不应该有这种"恋爱脑",婚姻里更是忌讳这一点。"恋爱脑"的人习惯于付出和妥协,对方只要有一丁点儿微不足道的好都可以被自己无限地放大且视若珍宝。

越缺爱,越难以得到真正的爱。
爱情是锦上添花的礼物,不一定是雪中送炭的温暖。
爱情更不该成为一个人的全部世界。

♡

如果兜里连维持温饱的积蓄都不够,又哪里有心思去谈情说爱呢?
钱不是万能的,但不得不承认,它切切实实可以帮助我们解决生活里的许多问题,减少和化解婚姻中诸多繁杂的矛盾。

如果要选择和一个人携手步入婚姻,那么希望我们不仅仅是因为荷尔蒙的冲动,还要有能理智审视对方人品、家庭背景、责任感和处理问题能力的判断力。
婚姻的全貌并不是用肉眼就能看得足够透彻的,婚姻里的一地鸡毛,只有自己最清楚。
一个人的心中如果没有种满鲜花,那么很可能早已积攒了成堆的杂草。

生活永远是过给自己的,日子过得舒不舒心,取决于你看待生活的心态。即使有人观望你的生活，你也不必对此畏首畏尾，万般不自在。

你可以告诉自己：其实你没有那么多观众，你只是自己剧目里的主角，你要为自己和最亲的人做长久的思考和打算，按照自己的思路坚定不移地前行，而不是活在别人的目光中，任何时候你都应练就"只把人生过给自己看"的本领。

作为一个成年人，选择一个人携手一生，不应该只是贪恋其外表，不应该是透过滤镜的心动。如果你真的特别喜欢对方，但又不能在这份感情里做最真实的自己，那这并不能被称为真正的爱情。

爱是双向的认可，真正爱一个人是爱着对方的全部，是在对方面前不需要刻意伪装，不需要把性格里不好的部分刻意隐藏起来。你可以很舒适自在地与对方相处，甚至比起你原本的模样，你更加喜欢和对方在一起后自己的样子，这才算得上美好的爱情。如果对方不能接受真实的你，那么往后的日子就不会很顺意，总会有各种不尽如人意的事情发生，甚至接踵而至，因为谁都可以伪装一阵子，但谁都无法伪装一辈子。

如果我们在对待自己的人生大事上，用肤浅的态度为自己一生的幸福做选择，那只能说明我们内心很自卑：

怕自己不够优秀，怕找不到比对方更好的人，更怕失去对方后自己无法独立面对生活。

即使一开始两个人都相互喜欢，爱得无法自拔，但如果没有今后共同面对和处理婚姻中各种困难的决心，都只想自己过得舒坦，甚至互相推卸责任，永远把自己的利益得失放在最前面，那么再浪漫的爱情也终会被现实里的各种欲望打倒，变得无比脆弱。

♡

  B和她老公是我同学圈子里的一对夫妻，两人认识多年，二十多岁时走到一起。
  有一次一个同班男生说："他俩除了没钱，其他我看都挺好的。"
  当时我只沉默了一下，然后选择笑而不语。

  很多时候我们作为旁人能够看到的只是肤浅的表面，当事人正经历着怎样的婚姻，只有她自己心里最清楚。即使我们作为外人看到了她婚姻处境里的冰山一角，难道大家就要劝她回头上岸吗？
  我不会，反正我特别不喜欢参与别人感情的是是非非。
  即使对方是你的朋友、闺蜜，你去劝她，跟她讲那种男人真的不值得，她也不一定会听进去呀，也许会认为所有人都在嘲笑她。

  嫁给一个懂爱情的人很好，我们都希望嫁给一个真正懂爱情的人，但我们更要具备理智的头脑来审视未来要携手的那个人，看看他到底值不值得你为之奉献自己宝贵的一生。
  如果遇到一个花心、冷血、大男子主义极强的人，事事要以他为主，以他的感受为先，甚至连自己的穿衣风格都要迎合他，那这样的日子真是没劲透了！

如果在婚姻中听不到对方对自己的赞美和肯定，甚至对方不肯让你变得比他更优秀，那么你会在这份感情中逐渐迷失，自信心会被最爱的人打击，并且这种感受很可能会伴随你今后的一生，挥之不去。

女孩子千万不要做"恋爱脑"，不要事事总是考虑对方而不顾自己。即使时时刻刻都把对方的感受放在首位，对方也并不一定会因此而对你特别尊重与感激，相反很可能会继续试探你的底线，践踏你的自尊。

千万别因为太爱一个人就失去自己的底线，别总是一副特别害怕失去对方的样子，那样只能让对方把你拿捏得死死的，到最后你连喘气的机会都没有。

♡

每个女孩一生最怕的就是嫁错人，更怕的是明知嫁错了人却没有及时止损的底气。

许多时候我们之所以觉得自己离不开对方，不仅仅是因为自己太过于深爱对方，更是不愿轻易舍弃在这段感情中付出的成本——时间、精力和物质。明知道对方对自己并没有那么好，时间也逐渐撕开了一个人的真实面目，但自己还是不敢在婚姻里轻易抽身。

如果对方的整体价值又比自己高出很多，那更容易成为弱势一方，即使对方明摆着欺负了你，做了对不起你的事，很多时候也只能打碎牙往肚子里咽，也不敢大声吱一下。

这能怪谁呢？谁让你没有在宝贵的年华里去努力提升自己，没能让自己变得比他更优秀。

有的人一生碌碌无为，还安慰着自己平凡可贵。

平凡的人都在努力地活着，在自己的轨道上尽心尽力，没工夫张望别人的生活。只有见不得别人过得比自己好的人，才最擅长给嫉妒心找借口，给自己的无能找出路。

婚姻的本质是涉及双方各种关系间的博弈与修行，是强者之间的势均力敌和强强合作，而非实力悬殊之下的命令与顺从。

真正能支撑两个人走得长远的，是一个男人的责任感和担当，更是对方的人品和德行。真正值得你爱的人，是愿意接纳你负面情绪的人，是对别人有德有行、关起门来对你更好的人，而不是一个随时都能把你推到风口浪尖上的人。

♡

不论何时，你最爱的人，都该是你自己。

有的人进入婚姻后，便从此失去了危机感，认为得到的一切都理所应当。享受自己好日子的同时，还不忘看别人的笑话。有的人永远不懂得感恩和满足，永远觉得别人拥有的比自己多，忽视别人的默默付出和任劳任怨，还要在别人的心头捅上一刀才能获得快乐。婚姻里，要么安于现状，要么从此对对方再无防备。

人不能活得太过于心安理得，享受着别人的努力并踩着别人的伤疤，去成全自己的安稳人生。很多时候，安于现状就是退步，没有一定的警惕心和敏感性，婚姻也有可能会有"开小差"的一天。

一段婚姻的质量如何，取决于婚姻里两个人的所做所为。

不要对另一半产生一种强烈的"离不开"的心态，更不要把这种情绪全盘摊在对方面前。

从他清楚地感受到你离开他就不能生活的那一刻起，双方关系的天平就已经开始失衡。

我们永远无法预知明天可能发生些什么，我相信离婚的人最初结婚时并没有想过有一天会走到非分开不可的地步。

婚姻很美好，但更美好的是婚姻里相看两不厌的人。

婚姻很可爱，但你更可爱。

腐烂的食物要赶紧扔掉，互相消耗的关系，要趁早丢弃，别一次次搬起石头砸自己的脚。

放眼去看我们短暂的一生，你怎么忍心是在为一个错的人而不断消耗，而不是为了自己努力奋斗？

去努力充实自己吧，获得一切能让自己变得更好的东西，让自己变得充满价值，这才是我们对自己的人生最大的尊重。

也是我们每个人对自己最大的不将就。

明知道爱情并不牢靠，但是我还是拼命往里跳。
明知道再走可能是监牢，但是我还是相信只是煎熬。
朋友都劝我不要不要，不要拿自己的幸福开玩笑。
在爱里连真心都不能给，这才真正的可笑。

——选自歌曲《错的人》

最浪漫的一次恋爱，
要和自己谈

任何时候、任何处境都别把自己的状态搞得一团糟。
你得先把自己活得精致而丰盈，才能源源不断地吸引更加美好的人和事。
如花儿一般，在自己的花期里热烈绽放，从不在意是否会无人问津，
仪式感是每天赋予自己最好的浪漫。
爱自己，是终身恋情的开始。

♡

　　爱有一种神奇的魔力，它给予我们什么都不用怕的底气，包括家人的爱、朋友的爱、恋人的爱。但如果有一天你失去了恋人、朋友，失去了外界一切力量的支持，你会彻底丧失对生活的信心吗？

　　千万不要！

　　时刻记住，你永远都还有自己，你可以时而脆弱，也可以无比强大！如果没有靠山，那就把自己当成最大的靠山！

关系永远是动态的，是不可能一成不变的，人生充满了不确定性，而唯一可以确定的就是我们自己！别人是否会爱我们、永远喜欢我们本就无法预料，也许今天深爱，明天就不留下只言片语地扬长而去。

因此，你要学会一种本领——如花儿一般，处于临在的状态，为自己盛开，向阳绽放。

花儿之所以美好，是因为它不会因为是否有人欣赏而开放。它在自己的花期里热烈地绽放着，给予自己应有的浪漫和仪式感，从不在乎是否会无人问津。

任何时候、任何处境都别把自己的状态搞得一团糟，从外到内，由身至心，你首先要让自己精致丰盈起来，这样才能源源不断地吸引更加美好的人和事。

仪式感是每天赋予自己最好的浪漫。

爱自己，是一场终身恋情的开始。

♡

我是那种特别喜欢折腾的姑娘，细细数来，从毕业后开始工作到现在，前前后后我在深圳就换了有六七个房子。有的是因为工作原因换了区，后来甚至又换到其他城市。

且不说找房子这事儿劳心费钱，光是一个人两边收拾屋子，一次次采买的工程量也不小。但正因如此，我学会了在动荡不定的日子里给自己寻找更多的乐趣体验，自得其乐的同时也让自己的内心更加安宁平和，给平淡生活增添许许多多的新鲜趣味，给生活不断注入新的感受。

年轻时的我们不要惧怕折腾，也不要因为一个人、一个封闭的环境就把自己囚禁起来。我们可以在不确定的生活中做确定的自己，即使有时人生如柳絮般在风中飘荡没有归属，也好过在一个错的人身上耗尽自己短暂的年华，甚至耗尽原本灿烂的一生。人生只有一次，何不潇洒一些，让自己活得尽兴一点儿。

仪式感就是可以时刻陪伴我们的知己密友，是不必炫耀给别人看的自我精致，绝不是通过刻意摆拍呈现给旁人的虚荣形式。

二十多岁正值年轻的我们，很多人在繁华的大都市里追寻梦想，也大多生活在租来的房子里。也许眼下的家只是一个不够宽敞的空间，一个合租的临时住所，却承载了当下我们生活的全部，家的氛围直接影响了我们从此刻通往未来的心态。

要做一个热爱生活的分享家。

以前上学时，我的一位朋友总喜欢把日子打理得十分精致细腻，她尤其喜欢点香薰蜡烛，那时我们关系要好，所以后来我也逐渐有了买香薰的习惯。毕业后，我经常在工作日晚上回到家就为自己点一盏味道淡雅的蜡烛，再把刺眼的日光灯用柔和的暖光替代，瞬间就能驱散白天工作里大部分的疲惫和烦恼。

我还喜欢给家里添置各式各样的小物件，在经济能力能够承担的范围内，为自己营造更加精致的生活氛围。偶尔朋友来我家做客，也会被它们可爱的颜值、有趣的使用方式所吸引，问我要购买链接。

我喜欢它们为我的生活注入大量的新鲜血液，提升我平凡的独居生活里的幸福感。

仪式感的另一个作用是——在你不经意望向它的瞬间，能够提醒自己，不要忘记自己永远是一个充满理想和怀有向上攀登精神、在悲喜生活面前步履未停的前行者。

♡

熟识我的人都知道，从小到大，在面对各种大大小小的飞虫时，我的胆子真是小到极点。可在广东生活，和会飞的蟑螂交手几乎是必然，并且它们经常会突袭你的屋子，在里面上蹿下跳，令人抓狂。

我曾经在福田住过一间合租房，空间不大，房屋装修又比较老旧，半夜经常就要在房间里和蟑螂君们斗智斗勇。谁料想，扛行李大包小包都不喊一声累的我，还是被它们的"深夜散步"吓到凌晨三点去酒店开了房间。

后来我想这也不是长久之计，南方环境偏潮湿，加之老房子空间小，我合租那间屋子门口就是两个破旧的公共洗手间，即使想了诸多办法，也撒了药，蟑螂也还会再出现。出去住一次可以，但不能一遇到它们就出去住吧，那样不仅费钱，精力也会支撑不住。

这使我想起了上大学时的相似情形，云南的宿舍依山而建，这些会飞的"斗士"有很多，当时我把自己藏在蚊帐里，总比直接和它们赤裸相见要好。

说干就干，我先买了蚊帐挂起来，然后又买了一长串的星星灯挂在房间飘窗上，同时启用精神疗法试图忘却蟑螂给我带来的困扰和折磨。虽然房间里的各种不如意令人心累，但22楼窗外的风景真的好美啊！晚间躺在床上，弯弯的月亮映入眼帘悬于头顶，睁开眼睛便能眺望到窗外城市的大片霓虹和窗边的闪闪星光错落呼应，那真是一种幸福的体验！

我逐渐学会了把生命中所有复杂的事情简单化，因此总可以轻易地被一些细小的幸福感所打动。愉悦的感受刺激着神经，使我淡忘了那些令人心里发麻的东西，把入眠逐渐变成一种精神享受。

渐渐地，我更加喜欢这种充满惬意且有情趣的生活方式，像是给原本枯燥无味的生活添加了高级质感，为瞳孔增加一层彩色的滤镜。

即使一个人，也可以过得有滋有味。

你看，好像总有一种办法能弱化生活给你加注的"不顺"，只要你怀有积极的心态去寻找，就一定能找到！

♡

仪式感也不只是生活中的精致与高级，还可以成就我们性格中的变化与提升。

我曾经看过一档演技竞赛类综艺节目，在节目中所有演员在台上互飙演技，而后由评委老师依次做出点评。当评委点评到某位演员演技不尽如人意时，有的演员当场就黑了脸，摆出十分不屑的姿态，甚至在台上直接和评委起了争执；也有的演员情商高到令所有人敬服，在被评价演技不好时，反而笑着自嘲道："以前只是我自己知道自己演技不行，这下好了，全国人民都知道了。"用幽默的话语轻松化解了尴尬的处境，最后连评委老师也忍不住笑了。

恰到好处的沟通处理方式，相比低级的回怼、争执，会让大家舒服多了。

而后，这位演员一直保持着谦卑学习的姿态和幽默风趣的处事方式，一路过关斩将，最大化地助力自己走到了最远的位置。其他演员也纷纷表示，自己能在节目中和他结识，是一件特别幸运的事情。

"为什么他人缘那么好？"

"为什么我觉得自己也不差，却没有人愿意多关注我？"

"凭什么她嫁得比我好？"

每个人都有属于自己的特质，是所有外在与内在的总和构成了全部的你。多一些与世无争，少一些戾气，便会成就美好的你。

你看，那些人生中的福气和好运，其实就悄悄藏在你一部分的性格特质中，你不知道什么时候它就会跳出来为你大放光彩，为你的人生添砖加瓦，使你成为更加幸运的人。

但其实，那就是你，是你自己成就了你。

♡

爱自己，可以让自己活得有趣而高级。

"活得高级"简单来讲，也可以称为"活得体面"。

人来人往，即使不能时时刻刻都用特别优雅从容的姿态应对，识趣的人也会给自己留下应有的体面。

而识趣才能有趣。

得不到回应的"门"就别一而再再而三地敲了，一个人去医院也没什么大不了的，自己过年和过生日时也别拿着放大镜把孤单放大许多倍……其实，这个世界的本质就是你一个人的世界，你的命运就悄悄藏在你看待每一件事情的心态里。正如那句话，爱笑的人走到哪儿运气都不会太差，你若愿意看事件中较为积极的一面，生活就会反馈给你更加积极和勇敢的能量。

做一个识趣的人，也并不代表向生活低头。相反，这正是在用内心更为强大的力量，重新丈量精彩纷呈的世界。

一个人怎么就不能爱自己了？你要更加好好地爱护自己！

今天"我"决定了，一定要好好爱自己！

高级一点，别人才能清楚地看到你的底线，才不会轻易越界，更不敢轻易践踏。

世界上没有任何一个人值得你用失去自我的方式追逐，别做一个把爱倾注太满的人，才不至于最后失了体面落荒而逃。

有人坐拥金山银山，却终日在冰冷的房子里郁郁寡欢；有人深受追捧，却忍受着不为人知的煎熬。如果你真的学会好好爱自己，并且把你自己当成这一生中最牢靠的朋友，那么你至少先努力让自己快乐起来。

你可以让自己的人生变得有趣丰富起来，有趣所呈现出的高级质感是我们赋予自己的优雅和浪漫，是无需外物附加也可以拥有的一种乐观向上的能量。

比如你看待某件事有自己独立的判断、独特的视角。

你能够用一种更加高级的处事方式来平衡某种难搞的人际关系。

你有属于自己的逻辑框架和行为准则。

你有自己独立的人格和豁达的心态。

你心如明镜，亦不怕显露豪迈与真性情。

你表里如一，亦知行合一。

你活得永远高贵，亦充满价值。

你可以很柔软，也允许自己有棱角。

你敢于在"坏人"面前露锋芒，面对不公平的待遇敢于抗衡。

你知世故而不世故，能在人际关系中找到自己合适的位置，亦不丢失初心与纯真。

你有菩萨心肠，也具备雷霆手段。

你怀有出世的淡泊心态，也可以随时入世与欺人者一决高下。

你能够很好地保护自己不被恶人所伤分毫，面对恶言恶行从不唯唯诺诺。

你活得洒脱坦荡，亦爱憎分明。

你可以坦诚地说喜欢，也敢于大胆地说讨厌。

在不伤害别人的前提下，你敢于直面自己的好恶。

你讨厌职场"马屁精"，讨厌阿谀奉承、谄上欺下的人。

你宁可独来独往也不屑与朋友中的"搅屎棍"为伍。

你善于重用那些暗自努力、遇事先懂得自省的人。

你喜欢那些也许并不懂得巴结，但却事事有回应和着落的人。

因为自己淋过雨，所以你总想着先替更多人撑伞。

做一个拥有高级质感的人，与贫富美丑无关，与名利地位无关，更与年龄性别无关。它是一种自信的心态，是每个人经历过岁月隐忍，通过磨难修炼，最终都能达到的能量层级。

一个拥有高级质感的人，在人群中夺目，于独处时精致。

你会发现，好的运气其实就藏在有高级趣味的灵魂里，原来人生中最大的贵人不是别人，而是自己！

在深圳福田 22 楼，每每晚间躺在床上，抬头就能望见明月与窗边的雪花灯串交相辉映，它们仿佛在夜深人静时演奏着一首妙趣横生的乐曲。

我把毛绒布偶放在窗边正中央位置，一个是在国外上学时朋友送的粉色小猪，一个是从马来西亚带回来的鳄鱼抱枕，布偶娃娃多么可爱呀！它们会一直被我好好地珍藏。

与其说收藏它们，不如说是收藏回忆和回忆里的那些可爱的人。

想告诉亲爱的女孩儿，如果你还没有遇到那个主动给你浪漫和仪式感的人，何妨自己先给自己注入能量，让自己快乐和幸福起来？

爱自己，才是一场终身恋情的开始。

真正爱你的人，
会爱你的千百种模样

在真正爱你的人面前，缺点比优点更可爱。
真正爱你的人，不会因为你说错了一句话就一走了之，
真正爱你的人，愿意主动为你"撑伞"和"撑腰"，
一个真正爱你的人，会爱你的千百种模样。

♡

2019 年，我创建了我的公众号，也是从那时起，我在公众号里设置了"关于遗憾"一栏，把 24 岁时那一段对我来说短暂却难以忘怀的记忆定格在这里，也是这场盛大的相遇和别离，开启了我做公众号的单人旅程。

从那年开始我进入了情感自媒体行业，说起来其实大部分功劳都归功于前任。

都说不要轻易陪一个男孩儿长大，更千万别和自私冷血的人谈恋爱，

但那时最坏的事似乎都被我碰上了。现在回想起那时的自己，像是不懂得如何经营感情的小女孩，像爱情里后知后觉的傻瓜，更是错过了很喜欢的人曾给自己的一腔真心和炽热情感。

幸运的是我没有陪这个特别不成熟的男孩走一段很长很长的路，不幸的是离开他之后的很长一段时间里，我都无法真正释怀。

我们都失去了很好的对方，我们都没有机会再重新认识和真正了解对方一遍。

他就是我在这本书中提到的深圳男孩，我的前任。

我是一个分了手也特别不愿意去诋毁对方和这段感情的人，即使一段关系最终没能得以善果，甚至对方在最后都没有妥善对待和处理这段关系。

既然感情结束了，缘尽释怀才是对彼此都好的收场，才是对自己当初所做出的选择的接纳和认同。

所以即使我总会提及他，我也尽量让自己站在理性、客观的角度看待我们之间的过往，看待这个令我爱恨交加、悲欢交集的男孩。

虽然在看过万千世界、阅人无数之后，我们更加深刻地明白——这世间总是少有缘尽释怀，多是一笔带过和如真正死去一般在目之所及的世界里彻底消失的决绝与难过。

♡

他是出差达人，现在也是。

他从小就在深圳长大，家里有车有房，衣食无忧。

我不知道这样的描述你们能否勾勒出他是怎样的一个人，但他有些高傲倒是真的。

高傲点其实也没什么不好，但是把它放在感情里对待对方，不太好。

和他在一起的时候我还不知道这些，当初我也并不是因为这些外在条件而选择和他在一起的。

我们谈恋爱的时候很少能有相处和磨合的时间，他不是出差到了外地就是在出差的路上。每次都要飞去别的城市，一待就是多半个月，甚至更久。

或许我们同在一座城市的时候他也有许多自由的时间，只是那时候他并没有毫无保留地向我走来。他敏感多疑，而我大大咧咧，他更多时候是在试探、揣测、琢磨我说过的某句话，放大和曲解我早已抛到脑后的某些话语，而当时的我对这些全然不知。

这也是后来我才了解到的，原来我们之间的诸多不合适，早在相处的那些细碎的时光中已经显现出来了。只是后来的我们都嘴硬，以为感情能复原，能试着再往前走一走。

当一个人爱他的面子胜过一切，更胜于你，你就该知道，对方是不适合你的人，他不是你可以好好爱护也值得你好好珍惜的那个人。

总之，我们都辜负了那些在相互等待里彼此耗费的旧日时光。

♡

当我开始慢慢变成他那时最喜欢的模样，他也逐渐成为我当时最想看到的样子时，我开始理解，我们在分开后的年月中彼此都有成长，在失去对方的五味杂陈里也深刻反思过自己，想重新适应和契合当时的对方，可无论如何都不可能再产生交汇了，因为我们都已不再是最初的模样。

《可惜没如果》这首歌里唱道：

"全都怪我，不该沉默时沉默，该勇敢时软弱。如果不是我误会自己洒脱，让我们难过。可当初的你，和现在的我，假如重来过？

"倘若那天，把该说的话好好说，该体谅的不执着。如果那天我不受情绪挑拨，你会怎么做？

"那么多如果，可能如果我，可惜没如果，只剩下结果。"

都说爱一个人就是赋予了对方伤害自己的权利，到最后选择接受误解、接受离别，都是自己的决定，与他人无关。如果有人问我，一段几年的感情是不是一定比几个月的感情对人影响更大，我并不能给出一个明确的答案。感情在心里留下的印记无法用时间来衡量，茫茫人海里相遇且相爱的概率太低，握住了彼此的手，短暂或长久，都无法预测。

那时的我计划着以后每个月在相遇的那天一起去看电影，直到在这座城市里所有的影院都打过卡。

我还计划着和他一起去商场里选衣服，时而扮酷，时而可爱，衣服当然要女孩子来挑，他就做我最骄傲的设计师。

还计划着和他在KTV里唱《青藏高原》，唱《你把我灌醉》，唱《小幸运》……

而那时的他在想什么呢？他在想我孤身一人在偌大的深圳，在换工作的间隔期会不会赖上他，最后会不会找不到工作而成为他的包袱。

他的这些想法在后来令我感到万分震惊且不可思议！

原来那时他就计划着如何离开我，如何在我未曾发觉前先甩开我这个"包袱"。

如果"鼠目寸光"这个词太过于贬义，那用"自私自利"来形容他总不为过。即使我总是不愿意这样去说对方的不是，甚至给他的自私、冷血找借口，给这段感情打上相对好看一些的滤镜。

但不可否认的是，在我踏进社会这所"大学"时，这段恋情就狠狠地给我上了一课。它让我知道，不论和那个他曾多么亲密无间，他也要时刻给自己留有心眼和退路。即使是你特别想信任他和想把自己交付给他，他也可能把你推到风里雨里，转身离去。

有时，在感情里一件可笑的事情是，有一天你猛然间发现那个你爱过的人，不仅是错的人，还是特别特别不值得你爱和交付的人。

感情里更加残酷的是，即使你什么都知道，特别不想承认对方是这样的人，但最后也只得承认。

♡

"那你为什么还放不下他？还留恋什么呢？"
"遗憾吧。"

我总结了我和他之间最深刻的两个字——遗憾。

分手后他曾频频回头，分开后我彻夜难眠；分手后他才认识了真正的我，分开后我也领悟到他曾经对自己怀有一腔热情。

被爱的时候总是理所当然地享受对方的照顾和关心，被爱的人总是很晚才懂得被爱本身的珍贵。

甚至他永远也想象不到有一天我会把他写进书里，成为我书中的男主人公。虽然曾经他的不会沟通令我难以接受，不论走到哪里都是一副骄傲自满的样子，但是对他残存的爱还是会把所有的怨与恨一笔勾销。

矛盾吧，理性地分析了他的诸多不是，又感性地回看那些美好的瞬间。或许爱情本身就是一个矛盾体，总要经历各种情绪的跌宕起伏，欢喜、难过、生气、吃醋、等待……如同坐过山车一般，在升升降降的期待与失望中，深深地爱上对方，虽然终将分离。

矛盾就矛盾吧，谁又没有过矛盾和爱恨交加的时刻呢？

幸好，现在这些都过去了。

♡

一年中我最喜欢的月份是六月，他的生日也在六月。

在我看来，六月，是爱情发生的月份。

那时我偷偷买了一本手账，想精心记录下我和他走过的时光，等明年他生日时再作为惊喜送给他。

六月是多么可爱的月份啊，曾让人充满了期待。

可才写下几页，结局却只得作废。

都说没有完全合适的两个人，只有不愿经历磨合过程的两颗心。

没有相遇方式的对与错，只有是否给过彼此笃定的眼神。

安全感好像很简单，倘若彼此信任，即使分开很久也没关系；安全感又好像很难，难到那时在他怀里我还是无法安心。

分开后的很长一段时间里，每当在街上看见牵手走过的情侣，我都会不自觉地想起他。如果我们还在一起的话，走在他身旁我会感到很骄傲。有时又安慰自己，难道所有情侣都如旁人看起来那般甜蜜吗？

冷暖自知，或许各有各的五味杂陈。

总之，别在昨天的伤口上继续撒盐。

他追我时,他在朋友圈里写道:

"你本无意穿堂风,偏偏孤倨引山洪。"

但他不知道的是,在他对我们之间的交往充满各种猜测与不信任,态度不再真诚的那一刻起,就注定了我们之间的结局——

"或许山洪有一天还是会为别的爱情奔流而下,但从此再无穿堂风。"

只有被放在心尖上的小朋友才有资格任性,不然你一任性,就什么都没有了。
那就祝愿我们都能找到那个把自己宠溺在手心、放到心尖尖上的人,而不是随随便便就把你推到风口浪尖、只为逗自己一时之快的人。

Chapter 2

做个"心机女孩",别把心爱的人推远

从不觉得"心机女孩"是一个贬义词，它并不是指满腹奸诈诡计的一类人。相反，它指的是在恋爱中高情商的那一类人。

这样的人在两性相处中往往既能让对方感到舒适自在，又绝不让自己在爱里受委屈。

他们既懂得理解、包容、共情的重要性，又能做到时时刻刻把自己的感受放在前面，这样的人拥有经营长久关系的能力和让情感关系越来越好的实力。

掌握关系的主动权，
就等于拿到了通往幸福的入场券

掌握关系的主动权，才不会被动地等待被挑选或被放弃。
在不伤害别人的前提下，你要永远把尊重和取悦自己放在最前面。
别让自己陷入被动，处于动弹不得的局面中，最后困死在爱的僵局里。
这个世界上有许许多多无缘无故的喜欢，也存在"得不到就毁掉"的恶意。

任何情况下，你都不要否定你自己，
你要永远相信自己，爱自己，掌握好自己人生的方向盘，
先做最认可自己的那个人。

♡

有时，发生在我们身上的某段关系没能朝着良性的方向发展，甚至最后逐渐走向失控，都是关系的天平失衡导致的。

本该属于你的权利你不要，降低身份拱手让人，最后被对方轻松拿捏。

万分爱一个人，底线一降再降，把主动权全部摊开交到对方手中。

有人诋毁你，你再三忍让，最后却换来对方的得寸进尺。

一直以来我特别想写一篇关于如何掌握关系主动权的文章，但这其中尺度仅通过文字的形式或许并不容易真正让人理解透彻，所以我也不断地提醒自己，一定要反复思考、复盘和总结后再下笔，要尽量把好的方法留下，一定要对每一位读者负责。

我们在生活中经常感受到的诸多烦恼和困惑，其实大部分都是由于人际关系经营不善导致的，所以能够在关系中做到不消耗自己尤为重要。

掌握关系的主动权，才不会被动地等待被挑选或者被放弃，才能更好地把握自己的人生。

要想掌握主动权，将事情的发展走向紧紧攥在自己手中，这需要我们考虑到两个重要的因素：情商和恋商。

而关系又分为很多种，朋友关系、恋人关系、亲人关系、工作关系、合作关系等，不同关系的处理方式也不尽相同，处理得当结果就会呈现出积极的一面，处理不当就可能会带来负面影响。

我们还需要意识到关系中的两个对象：他人与自己。

在不伤害他人的前提下，首先你要永远尊重自己，别人才有可能更加尊重你。你得先学会取悦你自己，而不是通过取悦别人来求得别人对你的认同或褒奖。

你要足够地了解你自己，并且时时刻刻尊重自己的想法，学会为自己做客观和准确的判断，对外界的声音能做到取其精华，弃其糟粕，只有这样才不会随随便便被别人的只言片语带跑带偏。

每个人的心念、言语、行为其实都是在其不同的认知层面发出的信号，如果我们可以看明白这一点，那就不会有太多无意义的烦恼，就可以逐渐培养和习得一种"百毒不侵"的能力。

大风可以吹落树上的一片片叶子，却吹不走树上的一只蝴蝶。

在看待一件事时，当你用积极的思考方式应对时，生活就会回馈给你美好和乐观的一面，最终你收获了快乐与释然；当你用敌对、仇视的心态面对时，那生活就时时刻刻充满了怨气和悲哀。

能够完全掌控自己的想法，不被情绪左右，就意味着你抓住了这件事情的主导权。你如何看待这件事情完全由你的想法决定，而不只是被动地让自己难过，把自己的人生搞得无比糟心。

当你按照积极的意愿去生活时，你看问题的角度就会更全面、更有深度，那些想伤害你、刁难你的人自然就会被你的一举一动牵着鼻子走，那时你就自然而然地轻松处在博弈关系中的上风。而其实，你只不过是在让自己快乐地生活而已。你并没有在一段伤害自己的关系里持续内耗，当你能达到"无为则无所不为"的境界时，被情绪操控住的人就永远不会是你。

从积极的角度看待生活，生活就会回馈给你更加达观和光彩的一面；在消极的情绪中踯躅不前，就会有更多糟心事在前面等着你。你看任何事情都不顺眼，觉得所有人所有事都在和自己作对，那其实是你自己在和自己作对，是你自己在与自己过不去。

一个人如果不能成为情绪的主人，那么就会沦为情绪的奴隶。

♡

我们可以理性地剖析一下，自己算不算一个情商比较高的人。

如果有人直面攻击你，或者当众让你出丑，你该怎么办？

情商在生活中涉及到方方面面，更直接影响到需要我们经营和维系的重要人际关系。情商高的人，往往在任何时候都不会让自己陷于被动，处在动弹不得的局面中。

百度某高管在 2019 年 AI 大会的演讲中，曾被一个工作人员突然当众泼水。当时的他并没有选择立即发怒，而是仅仅用几句话便轻松化解了尴尬，显露出成大事者忍人之度量，获得全场一片掌声。

被人泼水后，他在台上说："大家看到在 AI 前进的道路上，还是会有各种各样想象不到的事情，但是我们前行的决心不会改变，我们坚信 AI 会改变每一个人的生活。"

有一次我在指导公司员工工作时，直播间里突然出现一个不和谐的声音，并且显然是针对作为老板的我。看到屏幕的那一刻其实我是想狠狠怼回去或者把这个人从直播间里拉黑的，但是作为老板，我并不想用这种互相怼怼的方式回应，也不想让员工看笑话，这不是我的处理方式。

有人在直播间里指指点点，我一开始下意识地在言语上强硬了一些，之后他再讲那些是是非非时，我就顺势"躺下"，用更柔软的态势使其徒手打空拳。如果人和人的认知不在一个层面，那么即使他说月亮是方的，你也只需回应一句"你说得对"就够了。

也许我的处理方式并不十分高明，我也没有在一听到针对性言论时就做到特别高情商地自圆其说，但当有负面声音出现时，我努力让自己做一个不那么在意这些杂音的人，更不会被话语本身所影响。

夸奖的话可以脱口而出，诋毁的话三思而后行。

即使我们作为当事人面对不和谐的声音会隐隐愤怒：与你素未谋面，凭什么要这样针对我？但反过来想一想，生活中是不是还有许多人也在轻而易举地喜欢着自己呢？

有许多人在无缘无故地喜欢着我们，也有一些人在故意挑毛病。我们没必要剖开别人的内心看个究竟，重要的是我们要永远相信自己，爱惜自己，永远认可自己！

♡

作为一名创业者，一家公司的老板，我时刻提醒自己，要做一个情商高一些的人，不要把情绪写在脸上。

首先要做到喜怒不形于色、处变不惊，才有可能构建起未来我想要的商业版图。

我曾经刷到过一个高点赞的视频文案，一位电商大咖说："情商高的人更容易创业成功，创业是给别人提供服务，情商高的人更能够理解到对方需要什么，能够站在对方的角度思考，所以情商高是创业很重要的一个条件。情商高的人在生意场上坐下来，大家几分钟就可以真诚地交流探讨，摸清彼此的性情，而情商低的人坐下来，周围的人时刻都要小心翼翼，又怎么能一起做更多的事情呢？"

情商高的人在任何场合，都会有人愿意追随。创业要面对不同的人际关系、处理不同的问题，这些人际关系包括上下级关系、合作关系、朋友关系，甚至更多、更复杂的关系。

情商高的人往往能做到让员工不讨厌，愿意努力工作且信任你，令客户、合作伙伴青睐有加，这样的人更容易事业风生水起。

♡

在爱情中掌握关系的主动权也是同样的道理。为什么男朋友越来越不爱自己，态度开始变得敷衍起来？

为什么在恋爱中你总是处于被动，如棋子一般任由对方摆布？

为什么他这么快就喜欢上了别人？

我们在恋爱中有太多的困惑和为什么，当然，这其中有许多问题并非是我们的过错造成的，比如对方的出轨背叛、另结新欢。

但，痛则思变。当感情中出现这些我们此前并未料想到的问题时，我们需要反思和提升的就是恋商。

恋商的全称，即恋爱商数，是一个人与异性建立、保持亲密关系的能力，是决定一个人恋爱成功与否的关键因素。

弗洛姆说："爱是人的一种主动的能力，一个突破把人和其他同伴分离之围墙的能力，一种使人和他人联合的能力，爱使人克服了孤独和分离的感觉……"

如果想守好在两性关系里的主导权，能时刻感受到被对方用心对待，对方也能在关系中舒适自在，提高恋商就是最直接有效的办法。

高恋商的人往往可以把爱自己放到第一位，也能够很好地爱对方，使双方都能够很好地体验到恋爱带来的幸福感受。

恋商高的人往往能够看到对方在情感状态中的渴求点，面对可能会威胁到自己地位的局面时，他们往往可以提前感知危机，并且尽快采取应对措施，把不好的情况尽早扼杀在摇篮里。

在这里我还要强调一点关于"敏感"的话题，都说女人的第六感往往超乎想象地准确，我也从来不觉得敏感是一个不好的词语，相反，我们在社会中与人打交道，和形形色色的人交往，都应该时刻保持一定的敏感力。

这种敏感力是一种对事情客观分析和判断的能力，但不是对任何事情都过度解读和臆想的状态，是一种能清晰把控全局的思维和能力。

没有敏锐的感知力和准确的判断力，很难做成大事，即便做了也大多砸在自己的手里。

♡

如果你的男朋友身边突然出现一个向他表达爱意的女生，你的第一反应会怎样？

生气？愤怒？血压一下子飚升……

想唾骂那个女生心机、阴暗，明知对方有女朋友还往上贴？

如果这时男生还没说什么，你就去找他大吵大闹，那么结果会怎样？

很可能直接把心爱的人推到了对方手里，损失惨重。

而恋商高的人，在这样的事情上，往往都有一套自己的"心机"和"手段"。

我们在曾经大火的电视剧《三十而已》里，对第三者林有有的行为深感不悦，并且希望这种事情千万不要发生在自家老公或对象身上，担心会给自己造成极大的威胁和伤害。那么我们要了解一点，想要避免这种伤害发生，就要先具备在一定程度上事先规避伤害或者把伤害降到最低限度的能力。如果两性关系中出现了第三者，说明两个人的关系已经存在一些裂痕和问题，两个人都有责任。

这并不是替第三者或出轨的一方开脱，插足别人感情的人固然有错，但提高恋商能够帮助我们更好地经营两性关系，能够帮助我们把生活质量越过越高，也能让我们更好地感受到爱与被爱。

这本书中的内容都是源于我想帮助女性读者朋友切切实实在恋爱关

系中经营和维系情感关系，也是我深耕情感自媒体平台多年的经验分享。我希望此刻读书的你可以慢慢学会规避恋爱中错误的行为方式，保留一份美好；要学会理性地思考，用智慧和男人谈恋爱。这样我们在恋爱中就可以少去很多不必要的烦恼，让恋爱甜甜地发生，甜蜜地进行，一直持续很久很久……

只有掌握关系的主动权，才不会事事被动，才不会在任何一种关系中被别人轻松拿捏，从而失去自己。

你得学会主动吃爱情里的糖，并且拿到最大最甜的那一颗糖，而不是看着对方的脸色行事，默许他可以随便定义你，等着别人把糖发到你手中。

恋爱的升华来源于自尊的守护

多用崇拜深情的目光注视伴侣,学会赞美对方,而不是打击对方的信心,撕下对方的面子。
情感关系"质"的升华源于对自尊的守护,升级双方的恋爱体验。
做一个豆腐嘴,刀子心的"狠"女人。
狠狠地提升自己,狠狠地把他夸到点子上,
让他发自内心地觉得遇见你真好!

♡

  我们在日常与人交往中,都知道考虑对方感受的重要性,以相互尊重为前提才能形成和谐、友善的氛围。但同样的道理放在两性关系之中,就总有很多女性不明白,更喜欢通过打压、逗口舌之快的方式压制男人,不给男人面子,最后造成情感关系不和谐,甚至迅速走到破裂的境地。
  这也是一直以来我在情感自媒体平台收到许多粉丝朋友们普遍存在的困惑之一。

恋爱中男朋友对自己的态度突然冷淡，吵架次数逐渐频繁……究其原因，大部分是女生过于强势，吵架时经常不给男朋友面子，甚至是用践踏对方尊严、刺伤对方自尊的方式来满足自己所谓的"成功"。结果好像在吵架中占据上风，但其实输掉了一个男人原本可以给予的更多的爱。

想要爱情保鲜，不想失去眼前人，我们需要运用恰当的方式方法。在两性关系中不能过于逞能和利己，动什么也别动男人的自尊。

更有来访者和丈夫结婚多年，认为关系已如亲人一般，就没必要再在乎日常的三言两语，于是什么话都能随口而出。而那些伤人的话语日积月累都成了对对方自信心的打击，最后丈夫出轨有了外遇，自己又感到万分痛苦，想要挽回当初来之不易的婚姻，却悔之已晚。

男人出轨肯定是错的，大家都不会为这种行为做辩护，但我们也应该从中认识到自己在这段感情中存在的问题。

一段关系是需要两个人共同经营和维护的，关系走向破裂两个人都有责任。就像打球一样，你要看到对方打来的方向，迎合过去，才能一直有来有往愉快地打下去，如果都只按照自己的意愿胡乱发球，而不关注对方的位置，那两个人又怎能一唱一和长久地把关系维护下去呢？

♡

我对于男人自尊的了解，也是缘自那个深圳男孩。

后来我逐渐意识到，我们一点也不是互补的类型，我是一个自尊心强又特别要强的女孩，他与我的性格几乎一模一样，所以一时间我也不知该如何与他相处，这也是导致我们分手的一个重要原因。

似乎还真应了那句话：

"相似的人适合一起玩闹，互补的人更适合慢慢变老。"

我的第一任男朋友总是对我百依百顺，性格随和，不会因为彼此间偶尔几句不中听的话便心生误解，更不会因此而怀恨在心。

作为一个耿直的北方姑娘，面对另一半，我此前总是喜欢把心里最真诚的想法和对方分享，认为对方也能够同样地回以真诚，那时我特别希望自己的另一半能看到我是一个真实且充满正能量的姑娘，但是当我把同样的相处模式用到第二任男朋友身上时，事情就完全不是我此前所料想的那样。

我的第二任男朋友极其要面子，自尊心强又敏感多疑，遇到我这个毫不设防把他视作亲人的人，自然相处并不愉快。后来我也对自己进行了深刻的检讨，也许是曾经在他面前太过于心直口快，没能及时给予对方应有的面子和尊严，甚至要他丢过脸，而他又是一个极其要面子的人，所以才使得后来产生了诸多误会和隔阂。

后来我越来越觉得，他的自尊心好像比常人强许多，甚至这样的性格会让他在人际交往时特别容易吃亏。比如打篮球他总认为自己打得最好，其他队友都要听他的；要做发小圈里的团宠才行，而一起长大的伙伴自然也多迁就他一点；作为一个不愁吃穿的深二代，从小到大没怎么吃过苦，自然很难对别人产生同理心，更别说对别人受到的伤痛感同身受；在两性关系中理所当然地认为对方应该事事听他的，就像在他的亲人、朋友之中那样，要他说了算才行。

我并不想再去过多评判他身上的问题，最后造成分手的局面一定是两个人都有责任。值得反思和总结的是，男人的自尊是需要我们在经营两性关系时考虑和维护的，如果我们能早意识到这一点，至少在两性相处时对于我们女性来说是十分有用的，能少吃很多亏，也可以提早规避诸多不好的情况。

不要在面对一份感情时，一上来就摊开自己所有的想法和全部诚意，并不是人人都会接纳你的善良、了解并尊重你，在没有足够了解对方是怎样的人的情况下，不要一上来就对任何人毫无防备地卸下所有铠甲，否则就会受伤。

一个巴掌拍不响，我们无法改变别人的为人，但我们可以通过提高情商改变不愉快的相处方式，让关系变得更轻松、舒适一些。如果你还想把一段感情继续妥善地经营下去，改变自己才是聪明人的有效做法。

♡

不论恋爱还是婚姻，情感关系的升华源于对自尊的保护，多用崇拜、深情的目光注视伴侣，让他知道原来和你在一起是这般自在美好，对方心里也会油然生出一种强烈的自信光明，才会更加用心地对待这份感情，对你越来越好。

多夸夸对方，而不是打击对方的信心，甚至是揭开对方的伤疤。男人的面子是他们的标签，是成为男人的代名词，任何一个女人亲手揭下他的标签，在竞争激烈、压力与日俱增的时代，都会极大程度地挫伤他的勇气，挫伤他为家庭、为两个人的未来努力奋斗的决心。

成为一个高恋商的人还有一点也十分重要，那就是学会共情。

如果你真的珍惜一段情感，不想失去一个深爱的人，也想让对方好好对你，那么你就不要做破坏情感关系的事。如果发生了令自己不开心、不满意的事情时，不要立刻指责对方，否则两个人大多只会相互埋怨，更容易引发矛盾。

共情是能够站在对方的角度理解对方，体会对方的不易，让对方觉得世界上永远有一个人真正懂自己。这会让男人在心中流淌阵阵暖流，他才会视你为心尖尖上的人，把你视作他人生中很重要很重要的人。

共情到位了，很多时候这个男人会在情感上依赖你、需要你，他会害怕失去你。

你还会发愁他不会主动对你体贴上心吗？

♡

有句老话这样说："男儿有泪不轻弹，只因未到伤心处。"

很多时候，他们在外面不会展露出自己内心脆弱的一面，但这并不代表他们永远都刚强，没有软肋。他们认为自己应该是一个家遮风挡雨的存在，自然希望回到家也能够得到另一半的理解和尊重。

每个男人心中都有一个男孩，他们想在外面像个英雄，想让自己的女人满意，他们喜欢独当一面，即使遇到难事，他们也不愿意挂在嘴边轻易说出口，他们更喜欢独自面对，独立消化。

为什么很多婚姻一开始相处融洽，到后来却越过越不好？

如果辛苦一天回到家还要听到家里数不尽的抱怨和数落，换谁谁又会开心呢？别随随便便打压男人的自尊和自信，即使他再没本事，即使他再和颜悦色，即使他不会对你轻易翻脸，也不能认为他没有自尊，不需要自尊。

恋商高的女性都懂得利他才是利己。

往往恋商高的人更容易收获疼爱，虽然恋商低的女人往往也没有什么坏心思，却很容易在感情里吃力不讨好。

女人的"狠"不是狠毒，而是狠狠地提升自己，狠狠地让自己变得优秀，即使有一天对方做出了出轨背叛的事，也能大胆地站出来表明自己的态度和立场，拿得起也可以放得下。

做一个豆腐嘴，刀子心的"狠"女人，别吝啬嘴边好听的话，要含蓄地赞美对方。对于对方身上的闪光点，一定要细致地描述，情真意切地说出，让感情在流动中越变越好，让他发自内心地觉得遇见你真好！

爱情是玄学,它来临时,骚动着原本平静的心,让你对未来产生前所未有的憧憬。

爱情又欲拒还迎,当你不再渴求它时,它又蒙住你的双眼站在你面前,不告诉你下一站将要去向哪里。

男人如风筝,你只需握好手中的线

爱如指间沙,越紧抓着不放,往往流得越快。
没有人喜欢长久地被另一个人管束和控制着,
每个人都在追寻属于自己的爱和自由。

再爱一个人,也可以如风筝般把他大胆放飞,
只要握好手中的线绳,便随时都能再重新收回手中。

♡

钱钟书先生在《围城》一书中说到:婚姻就像一座围城,围城外的人想进来,围城里的人想出去。

很多时候男人希望得到自由,短暂地逃离。

男人的天性就需要自由,如果进入婚姻后被对方管得死死的,没有一点私人空间,他们就会感觉透不过气来,犹如进了牢笼一般难受,所以他们特别不喜欢时时刻刻受到管束。

而有的女性一进入婚姻就生怕自己的男人被别人抢走,更怕有第三者破坏家庭,于是试图在行为上对丈夫进行二十四小时监管。殊不知,

越是想把男人拴在身边，他们就越会使出洪荒之力想要挣脱。

没有哪条法律规定，结婚之后就可以不让他出门，不让他社交，不让他接触外面的世界。婚姻中的两个人是彼此独立的个体，只有彼此欣赏、彼此尊重才能地久天长。

比如你买了一个心爱的风筝，怕它被风吹跑了，便紧紧攥在手中，那它也因此失去了价值和意义。

男人如风筝，你只需握好手中的线绳。

♡

距离产生美感，两个人终日捆绑在一起，即使再喜欢也会产生审美疲劳。以退为进，适当地放松空间，让他随时可以拥抱自由。如果他爱你，他就不会轻易离你而去。

不论恋爱还是婚姻，切勿患得患失。

我在情感自媒体平台工作时接触过数不胜数的离婚案例，其中这些女性有一个很大的共性就是在婚姻里容易患得患失。她们习惯于掌控男人，认为只要自己表现得厉害点，男人就会服从自己，就不敢再做别的什么了，而这往往是极其错误的做法。

你要做的是留住他的心，而不仅仅是暂时拴着他的人。留人容易，留心很难。留心往往需要运用恰当的方式，而绝不是在言语上呵斥、手机上监管，因为这种方式一点也不高明，还特别容易让人反感。

　　女性也不必有一点感情的风吹草动就轻易下结论，认为男人想要逃离自己，是不是不爱自己了？或者一定是有了二心，其实未必是这样。

　　男人渴望在爱情中自由地出入，这是一种天性使然，和爱与不爱没有关系。你适当地给他空间，让他去做他想做的事情，等他回来了，也许他还会比之前更爱你呢！

　　在双方自由的时间里，你可以享受属于自己的时光呀，没有他之前你不也是一个人吗？即使两个人在一起了，偶尔拥有自己的独处空间不也是一件很美妙的事？你可以看书、健身，也可以约上三两好友逛街，还能去做许许多多其他更有意义的事情。

　　在他和你分开的这段时间里，他不见得就不会想你，也许他会想起两个人在一起时的美好时光，等他放松够了自然就会回来找你了。

♡

　　在感情里我也曾经是一个爱写小作文的人，和男朋友吵架了会写大段的话发给他，认为自己表达了所有的愤怒和良苦用心后，对方就一定会有悔意，会立刻回来哄自己。但结果往往是，说得越多对方越冷漠，甚至根本不回复，我本来只是想表达一份赤诚的心意，让对方懂得和体谅自己的好，结果对方可能连看都没仔细看，反而觉得好麻烦，怎么事情越变越复杂了？

　　两个人在相处过程中闹矛盾是在所难免的，而有了矛盾时女生多半希望能把话好好说开，把问题说清楚就没事了，而男生的思维往往是你越想要和他解决问题，他越觉得是因为你的存在才有了这些问题，只要不和你在一起就没有了这些问题。

所以后来，我不会再发大段大段的文字给对方，也不会在感情里非要追着对方问个究竟判个对错。如果他真的爱你，他就一定会回来找你，把你想要的都给你，他也会愿意主动承接你的负面情绪。

有的人可能会问，他如果愿意接受我的负面情绪，那我把全部的情感宣泄在他面前，或者通过长文字的形式发给对方也无可厚非吧？

首先，我们要学会自己处理自己的负面情绪，不能时刻把别人当成自己的情绪垃圾桶，更不能要求恋人成为那个随时接收你负面情绪的人，并把这当成一种理所当然。

如果你不希望自己的情感关系受损，如果你还想维持好一段关系，不想走到分手的局面，那你就要学会收敛和克制自己的情绪。

人在极端时的沟通，效果往往不好，甚至适得其反。

你要是想让对方做出改变，就要先改变自己对当下发生的事情的态度，别把事情本身看得过重，学会适当地跳出来，和对方保持一些距离，多做提升自己的事，也给彼此一个思考和冷静的机会。等双方情绪都平复稳定后，再找时机坐下来聊聊彼此内心的感受和看法，这时的沟通才更有效。

学会看到对方身上的优点，而不是一味地指责对方的缺点，只有这样感情才能更好地互动。

♡

有时我们和对方在一起,习惯了两个人的生活,习惯了热恋期整日黏糊在一起,等感情进入平淡期后,反而不能适应彼此独立的状态,从而时时刻刻想把对方拴在身边。

但爱如指间沙,越是想用力握住它,也往往在手里流得越快;当你把手掌完全摊开,不再用力抓握时,流沙反而尽在手里。

人也是一样的,没有人喜欢一直被另一个人控制。每个人都有做自己的权利,也都应该具备独立生活的能力,而不是一直依赖着另一个人才能过活。

就像风筝,你只有把它大胆放飞,它才能在天空中自由翱翔,只要线绳在你手上,你随时都能将风筝收回手中。

不敢给对方自由的另一面,是内心的恐惧感在作祟。

是一种不自信的心态,害怕失去对方,害怕孤独,更害怕被抛弃。

之所以害怕,是因为自己不够好。

归根到底,如果害怕被抛弃,我们更应该好好地治愈自己,找到影响亲密关系的关口。是过去的经历、童年的阴影还是原生家庭的伤痛所导致的,直面它们,才能完成我们真正意义上的自我成长和蜕变。

当你拥有足够的自信、自由的心态,便可以任意改写自己人生中的剧本,而不是让另一半跟着一起紧张兮兮地在旧伤中一遍又一遍地轮回反复。

在《真正的爱与自由》一文中，也更加深刻地诠释了爱与自由的关系：

你总依赖着别人给你快乐，这不只是肉体的依靠，而是内在的、心理上的依赖，从其中获得了所谓的快乐。一旦你这样依赖着别人，你就变成了奴隶。

你明白爱一个人是什么意思吗？你爱一棵树、一只鸟、一只宠物，你去照顾它、喂养它、关爱它，即使它不给你任何回报，不跟随你，你仍然热爱它，这种爱你能了解吗？大部分的人都不是以这样的方式去爱，我们一点也不明白这种爱，因为我们的爱永远被焦灼、嫉妒、恐惧等所限，这意味着，我们在内心是依赖着他人的，我们其实是希望被爱。

种一棵树并关爱它，看着河水流动，欣赏大地的丰美，观察飞鸟的美妙翱翔，有一颗敏感的心，对生命的伟大律动开放胸怀——这一切都需要自由。你能爱才能有自由，没有爱就没有自由；没有爱，自由只是没有价值的观念。所以只有那些了解并消除了内心依赖的人，才能明白爱是什么，才能获得自由。

我们总在靠抓住对方来满足自己，而这种依赖和患得患失的心态，是无法让一段关系变得更好的，也无法让情感关系有质的提升和飞跃。当我们不敢给男人自由时，很大程度上是自己对自己的不自信。

你在怕什么呢？与其担心自己是不是不够好，不如让自己变得比他好，比他遇见的人都好。

当你足够优秀和美好时，那个患得患失的人，就是他了。

提升自己是比抓住别人更值得去做的事情,男人如风筝,你该大胆地放飞他,你只需握好手中的线绳。

对自由的渴望是:即使独自居住,也会生出无数个想要逃离家的瞬间。

爱的棒棒糖，
总偏向于奖赏会哭闹的小孩

每个懂事的孩子身上都有一层坚强的铠甲，
身后却隐藏了更多旁人看不到的脆弱与眼泪。
每一个懂事的孩子都可以拥有任性的权利，
他们更加值得好好被疼爱。

♡

  在聊两性情感关系前，我们先来说说家庭教育中一个关于孩子要懂事的话题。

  有句话这样说："懂事的孩子没糖吃。"

  每一个懂事的孩子，长大以后都很可能有一场迟到的叛逆。

  有的家长在教育孩子时，习惯于对孩子讲："你一定要懂事，懂事的孩子才是好孩子。"如果家里有更小的弟弟妹妹，更希望较大的孩子能听话懂事，多多照顾年纪小的孩子。

其实，这样的思维和教育模式往往特别容易导致孩子表面上温和顺从，但心底里的委屈却越积攒越多，在今后的成长过程中总会过度考虑别人的感受，不敢对别人提要求，更怕惹来旁人的不开心。

懂事的孩子总是很难吃到爱里的糖。

而会哭会闹的孩子呢？他们从小就敢于向大人提要求，没有来自长辈们标榜"懂事"的标签，他们会哭闹、会任性，还总是要脾气，虽然总是给大人们带来麻烦，但大人也会为了平息孩子的情绪最后不得不做出一定的妥协和让步，给予他们更多的关爱。

会哭闹的孩子总是能轻松地吃到爱里的糖。

有一次爸妈带上我和朋友们一起吃饭，朋友也带了两个孩子来，其中年龄大的孩子就是那种特别懂事的性格，言行举止特别不像那个年纪该有的模样，中规中矩甚至有些刻板，表现出过分顺从和懂事，处处让着弟弟，而他其实也只是一个十岁左右的孩子。

很多长辈习惯于把大部分精力放在那个爱哭闹的小孩子身上，而对家里的大孩子过分严格，逐渐磨去了他们身上的棱角。也许一开始还会表扬孩子懂事听话，后来慢慢习惯了他们的懂事，便把这种懂事当作理所应当，而忽略了每个孩子本来都是平等的个体，都应该得到同等的对待。如果能一碗水端平，谁又愿意成为必须在懂事和顺从中成长的那个呢？

不哭不闹不应该成为"懂事"的标志。

等到孩子长大成人，有了自己独立的思想和判断，那时父母还必须要求他们懂事和服从于自己吗?

也许那场迟来的叛逆会更加出乎长辈们的意料,甚至是大家都无法接受和承担的。

♡

从小到大,很多家长都习惯于对孩子说:"你要懂事一点,不要那么叛逆。"似乎只要孩子们能变得更加懂事,就能让他们放心很多。

但是,这个世界上本就有许多无缘无故的恶意,并不是所有人都会为我们的"懂事"和"识大体"买单,甚至有的人会把你原本的以礼相待当成一种理所应当,更蹬鼻子上脸。

善良如果缺少棱角和锋芒,一个懂事的人的人际关系也并不一定会比一个有点脾气的人好许多。

而总是把"懂事"放在感情里,也并不一定能换来男人的体贴和珍惜。

懂事的人总是太过于注重别人的感受,懂事的姑娘在感情里总是事事以考虑对方为先,生怕自己做错了什么而惹得对方不高兴。害怕对方离开自己,所以连和最亲的人在一起都时刻保持谨言慎行。

过于懂事,总会选择事事妥协与迁就。而对方呢?他们并不一定会真心感激你的这份懂事,觉得既然你可以承受那些委屈,那么再委屈一点也没关系,甚至得寸进尺,不断试探你的底线,践踏你的尊严。

你总是特别懂事,任何事情都想着自己完成,不愿意给别人添麻烦,即使和伴侣在一起也事事要自己完成．能自己解决的绝不想打扰对方。可感情里的这份"懂事"并不会让他觉得这是一个特别迷人的优点，反而很容易让对方觉得他在这份感情中并不重要，没什么存在感，甚至感到多余。你的无所不能会让他产生疑问——你到底需不需要他？和他在一起的意义到底是什么？

可能一开始他也是想保护你的，想要你依赖他的，可看到你总是把大事小事都揽在自己身上，他就不会总这样想了。他更想要去呵护和宠溺那个会哭会闹的女孩儿，那个任怩许多却总会恰如其分地依赖着他、需要他的人。

谁又会知道，那个懂事的女孩，其实才是更让人心疼、更需要被守护的。

"懂事"的人在恋爱里会很吃亏，越懂事，越辜负，越孤独。

每个懂事的人，其实都需要更多关怀，更加希望能无条件地被爱。

♡

懂事的人在人群中总是会特别在意周围同学、同事的感受，把他们的感受都放到自己的感受前，而这样的相处模式一旦形成，就很难在关系里再改变。遇到不好相处的人，碰见那种霸道高傲、盛气凌人的同学或同事，为了能与之友善地相处下去，懂事的人只好妥协，只好善解人意。

我十分感恩自己生活在一个善良和民主的家庭中，我的世界观、人生观、价值观一直朝着正确的方向发展。但有些家庭在思想观念上存在很大偏差、三观不正，在这种氛围中成长起来的孩子，长大后带有诸多妒恨意识，常常用有色眼镜看人，甚至有些人以给别人使绊子为乐，想方设法踩压别人。在和谐家庭中成长起来的孩子，应该永远对自己的家庭心怀感恩，感恩父母赐予我们生命，教育我们做人，没有让我们成为社会的败类。我们会带着原生家庭最为善良的底色驰骋，从而走向一个又一个成功。

但是，我们也需要不断地自我学习和成长，在原生家庭中学不到的东西，终归要在社会上学到。现实中有这样一种现象：你对别人好，别人不一定都会投桃报李，也对你心存感激。有一些人本身就对这个世界怀有强烈的偏见，看待问题喜好极端，带有强烈的个人主义色彩，他们缺少向内审视自己的能力，喜欢做高谈阔论的"评论家"，你活得耀眼，他们却认为是一种威胁。

那你要怎么办？跟那种人争辩是非对错？
还是同流合污，也像对方那样？

当然不是，我们应该找到自己性格里那些发光的特质，坚持自我，活得更加有滋有味。

♡

过于懂事的姑娘，还总是不敢跟男生谈钱。

喜爱植物的人，会为植物花钱，一次一次地采买，大盆小罐地堆积着，乐此不疲。

喜爱宠物的人，乐意不停地给宠物买吃的、用的，甚至比花在自己身上的钱还多。

深爱对方的人，乐意为对方花钱，只要能让对方开心，比什么都重要。

而你怎么能相信，一个不愿意为你花一分钱的人，是真的爱你呢？你花他的钱，比要他的命还难受，这种人只会动动嘴，却不会付出任何实际行动。

如果一个人真的爱你，他就一定会心甘情愿为你花钱，没有例外。

一个男人的钱在哪里，心就在哪里，不用怀疑。

当然这里有个前提条件，我们不能放纵自己的私欲，不能贪财，而是顺其自然，在适当的范围之内。

我们总是不好意思和对方谈钱，觉得既俗又伤感情。我们把感情当成无价的东西，可是不论爱情有多美好，进入婚姻后也离不开柴米油盐等日常开销，而这些都是建立在金钱的基础上的。如果在感情里一直避讳谈钱，那么也会因为钱而让情感关系产生危机。

钱和婚姻之间有着非常紧密和直接的联系，为了避免两个人因为金钱而产生隔阂，在婚姻或恋爱中我们要学会婉转地谈钱。让对方心里有个数，适当地给他一点压力没有关系，有压力才有动力，多提一些中肯的建议，别让对方感觉越来越迷茫。

相互间的鼓励和支持也很重要，两人携手同行，一定要能够在思想上同频，共同前进，这样才能把生活越过越好，收获幸福美满的人生。

谈钱也要有适当的方式，不能经常把钱挂在嘴边，否则日积月累，对方可能会觉得你过于物质，他跟你相处起来会特别累。偶尔提一提钱，再谈一谈理想和远方，对方会认为我们是值得信任和好好对待的，愿意付出更多的时间和真心，愿意把赚到的钱给你花。

在爱情中有时候扭扭捏捏反而会显得太虚伪，不如直截了当地就事论事，把想说的话用合理的方式表达出来，而不是要对方去猜，去理解到底哪句话是正话哪句话是反话，这样会让对方觉得跟你相处太费力。

男生们更喜欢直接的方式，不喜欢拐弯抹角地做阅读理解，去揣测对方的真实意图，因为很多时候他们是真的猜不出来。久而久之，如果我们在感情中总是要求对方去猜你的心思，不论谁都会产生厌烦的情绪。

该直接的时候就直接，想提钱和礼物的时候就坦诚提出来。别隐藏心中的想法，到最后又觉得自己很委屈，内心上演了一部苦情戏，而对方很可能什么都没做就成了你戏中的凉薄角色。

实事求是地和男人谈钱，很有可能会有意想不到的结果。

也许钱和真心都有了呢。

一个真正爱你的人，是不会因为你提了钱就离你而去的，如果他真的那样，不也正好证明了这样的人并不值得我们依靠吗？既能够提早看清，又能趁早止损，免于在错的人身上过度消耗自己的时间和精力。

♡

有一次我翻朋友圈时，无意间看到一个女生发的一张图，图中的文案是这样写的："我遇见一个女孩，是我从未见过的有强大共情能力的人，所以我对她的记忆尤为清晰。她喜欢笑，很善良，很细心，也经常多愁善感，她的朋友难过的时候她永远会做那个陪伴者和倾听者，她几乎没跟男朋友吵过架、使过小性子，我想不到再怎么去形容她，她就是最好的女孩。可她很痛苦，我见过她流眼泪，见过她在黑夜里安安静静地坐着，她看起来没有表面上那么开心，我想找到她痛苦的根源，她总是一个人走着，她的路看起来好黑好黑……"

同时她给自己的状态设置为"疲惫"，并且写下："希望自己明年在日本能有一个新的开始。"

每一个懂事、过于善解人意的女孩，总是让自己吞下委屈，把悲伤留给自己，这样的女孩总是特别让人心疼。

在爱情里，有时我们需要卸下包袱，虽然在其他场合，你扮演着一个非常了不起的角色，在自己的天地里驰骋豪迈，但在男朋友面前，你可以只是一个小姑娘。

爱让人更加柔软，你要让他感受到你是需要他的，他在这份感情中是永远有存在感的，他也是你很重要很重要的人。在爱情里过于懂事，总是难以得到视若珍宝的对待。

爱的棒棒糖，总偏向于奖赏会哭闹的小孩。

但这里要说明的一点是所谓哭闹，绝对不是"作"。

我非常不建议女孩子太作，因为很多女孩子"作"得并不是那么高明，相反很容易引起男朋友的反感。聪明的女孩子会小"作"，男人却很喜欢。因为她们的"作"不是胡作非为，肆无忌惮地要求对方事事顺从自己的心意，这种"作"是点到为止，是一种刚刚好的调情。是既懂得人情世故，理解对方的需求，又有自己的框架和原则，时时刻刻把自己的感受放在前面。

聪明的女孩既掌握驾驭爱情的法门，又会在适当的时候表现得不那么通透犀利，如果事事都显得自己聪明能干，男生很容易在感情里找不到自己存在的意义，甚至怕打扰到你。

一段恋爱关系里的两个人，是处于平等地位上的互相包容，而不是一个人单向的默默付出。

懂事的女孩，总是怕麻烦，怕打扰，怕花他的钱……

可他是你的男朋友啊，两个人在一起不就是互相融入彼此的一部分生活，成为彼此人生中新的一部分吗?

别什么都不敢提，什么都畏畏缩缩的，懂事的女孩真的很受委屈，别再这样继续下去。和爱的人在一起，偶尔任性一点是无可厚非的，你有提出不同看法和说"不"的权利。

每个懂事的孩子身上都有一层坚强的铠甲,身后却隐藏了更多旁人看不到的脆弱与眼泪。

每一个懂事的孩子都可以拥有任性的权利,

他们更加值得好好被疼爱。

宝贝，你的眼里有小星星呀

做你的可爱女人，留住生活的甜蜜。
沟通的话要慢慢说，
好听的话要大声讲。
不断提升，营造自己的稀缺价值。

♡

  两个人从相遇到相知，再到相守，感情不会永远都如最初般甜蜜、浓烈，当爱情进入磨合期、平淡期要怎么办？感情经营得妥善得当，爱才能够得以滋养和长存。

  自己做一束光，也看到对方眼里的光，才能够彼此照亮。

  恋爱中有四个阶段。

  热恋时，许多时候我们和对方腻在一起，这时大多看到的都是对方身上美好、闪光的一面。

  等到感情逐渐稳定后，就会花更多的时间去做其他的事情，也许一方仍然比较依赖，偶尔会有被冷落的感受，这正是处于反依赖阶段。

  等到了独立阶段，彼此希望能有更多的独处时间和空间。

最后一个阶段，也是一个新的相处方式形成的阶段，即共生阶段。彼此已经成为双方更加亲近的人，未来希望能够相互扶持、共同成长，携手共度人生里的更多时光。

而许许多多感情的无疾而终，都是由于在第二阶段和第三阶段经营不善导致的，最后走到难以挽回的地步，分道扬镳。

相爱容易，相处却不易。

你和他原本性格不同，外表也不一样，但彼此相爱，日久天长，偶然间竟然觉得自己的眼睛有点像他的眼睛，连走路的样子也开始变得相像。

你原本喜欢一个内向含蓄的人，而他热情奔放，不知从何时起他竟也变得老实沉稳，连自己也不曾察觉。

他原本喜欢活泼热情的女孩，遇见你之后，却爱上了大气稳重的你。

后来你越发活泼可爱，他也做事更加成熟得体，逐渐成为彼此心目中更加满意的人，原来一直以来要找的人，正是眼前之人！

相爱，是你原本在纸上勾勾画画，描绘出对另一半各式各样的要求和标准，但是当那个人出现时，你发现他和你构想的样子并不相符，但你就是喜欢他了，你就是认定他了。原来他就是你一直以来苦苦追寻、最后要找的那个人。

爱很简单，幸福也很简单，懂得经营感情的人能够看到对方身上的闪光点，看到彼此眼中的星星与火焰，在不知不觉中主动为对方做出改变，一起成为更适合对方的人。

多去发现对方身上的优点,婚姻也变得更加可爱。

永远可以望到对方眼里闪烁的星星。

♡

感情进入平淡期,两个人之间发生矛盾在所难免,没有任何一对恋人是从来不吵架的。

也有人说,两个人合不合适一起生活,出去旅游一次就知道了。

而面对矛盾,正可以考验两个人的沟通能力和解决问题的能力,看是否有携手走下去的信念和决心。

当双方意见发生分歧时,我们需要牢记,与对方沟通的话语不要通过大喊大叫的方式表达,因为这样往往起不到正面效果,反而会激化两个人之间的矛盾,变成无效沟通。

即使你情绪不稳定,对方的做法让你难以忍受,你也要学会先让自己的情绪平复下来,再慢慢道出事件原委,把想要表达的意思用相对平和的语气说给对方,只要对方是一个通情达理的正常人,自然能够感受到你是很重视你们之间的感情的。只有心平气和地和对方交谈,对方才会把你的话放在心上,真正听进去,才有可能真正做出改变,达到你想要的目的。

很多时候我们习惯于大吵大闹，拿嗓门和气势与对方一决高下，争个你强我弱，谁是谁非。然而，这种所谓的"上风"并不是指谁的嗓门大、气势强，谁一时"赢了"谁就站在了感情的高位，如果双方缺乏理解与尊重，那最后的结果是谁对这段感情的需求越低，谁就占据感情高位。

一些女生在吵架时，目的并不是真的想分手或者离婚，仅仅是希望对方能做出改变和让步，能更加懂得自己、爱自己。

很多时候，女生说分手往往只是发泄一下当时愤怒的情绪，而男生提出分手则更多是表达一个思虑已久的决定。

大吵大闹的沟通方式，很容易把假性分手变成真正分手。

很多女生在外面会逢人夸赞自己的老公，但回到家里面对面时，却很少称赞他，还经常给对方脸色看，把最难听的话、最差的嘴脸都给了对方。

即使结婚之后彼此视作亲人，我们也不要总是把负面情绪一股脑地丢给对方，时间久了，对方会觉得和你在一起一点也不开心，还总是要被你数落，他就会觉得这样的日子真是越过越没劲儿，出现情感危机的概率也会大大增加。

这就是许多女生容易走进的一个误区，总想自己在一段关系里当老大，大事小事都要对方顺从自己，表现得很强势，而男生在这段关系里逐渐喘不过气来，压力越来越大，最后提出了分手。

没有人总喜欢生活在高压之下，轻松快乐一点儿，才能走得长远。

聪明一点的女孩从不会吝啬赞美对方，因为她们知道男性的核心需求之一就是希望能被自己心爱的女孩崇拜，感觉自己像个英雄。

夸赞对方也不是他做什么你都直白地夸他，那样他就很容易恃宠而骄，反而觉得自己特别了不起，夸过了头他还会觉得你配不上他，他应该选择更好的。

那要怎么夸才能既不让他兴奋过头变成骄纵，又能发自内心地感激你的这份青睐呢？

比如他为你做了某件事，那么你就通过这件事，找出他做得好的地方进行具体性就称赞。这样他会觉得他只要对你好，就能够得到表扬，那么他以后也会更加努力做得更好，会为你付出更多。

"亲爱的，你给我买的花好好看呀，一看你就为我上心了，颜色也是我特别喜欢的。你为我辛苦挑选的时候，也一定特别迷人！"

"每次路过这家店，你都会停下车给我买我喜欢吃的××，只要是你买的，味道总是甜甜的！"

"我觉得你刚才帮我搞定这件事时，特别地果断利落，眼里炯炯有神，超级威风，没有你的话我该怎么办……"

把对他的夸赞用到他对你做的具体行为细节上，他才会觉得原来对你好自己能得到这么多欣赏和赞美，那么他才会继续对你好，会为你做更多的事。

坦诚地去夸夸他吧,投去崇拜的目光,让他清楚地感知到,原来和你在一起的体验感是这般美好!

♡

不论外在价值还是内在价值,稀缺价值都涉及自我提升部分,学会运用情绪价值的女生往往能在感情里游刃有余,促使感情升温,也给生活点亮温情的光芒。

我们需要学会给对方提供正向的情绪价值,才能和对方永远有话说。如果你想抓住一个男人的心,你还要学会保持一定的神秘感和新鲜感,让自己永远有魅力,他才会适当地产生危机感。对方不开心的时候,你能及时做对方情绪上的依靠,慢慢地对方也会成为更加离不开你的人。

有矛盾时,你要摆明立场,不让对方践踏自己的底线和尊严,同时把握一定的尺度,只有这样才不会把对方推得更远。几次下来让对方知道冷落你他自己并不愉快,只有对你更好才能让爱情花好月圆,那么此时你就轻松占据了感情的高位。

其他稀缺价值还有很多,比如你多才多艺,会唱歌、弹琴,喜欢健身、看书,再比如你灵魂有趣……这些都是你身上独有的宝藏,是它们构成了独一无二的你。

任何时候都不要忘记提升自己，让自己变得更优秀，你要让对方时刻具有危机感，而不是自己终日怠惰，在无聊的生活中发霉生锈，到后来轻轻松松被对方淘汰掉。

只要你能持续给你们两个人的生活注入新鲜感和神秘感，他就会觉得你身上永远有探索不完的东西，他才会持续爱着你。

♡

我一直都觉得，"我爱你"中的爱，是偏爱。
是步入婚姻的两个人拥有的共振杀敌的勇气，更是对彼此的包容和宠爱。

是就算所有人都说他不好，可你就是偏偏喜欢上了他。
是明知道他也只是一个再寻常不过的普通人，可在自己眼里，他抵过万物。
正如那句流行千古的话："情人眼里出西施。"

男人心中往往有英雄情结，他们在外闯荡打拼，很多时候不得不身披"铠甲"，但其实在他们心中也有着非常柔软的一面。他们渴望在两性关系中，面对你时随时可以卸下"铠甲"，得到你贴心的安慰。

而不了解这一点的女生就十分容易做出不当行为，忽视他们的脆弱，使得他们在你面前无法卸下"铠甲"，久而久之，他们身心疲惫，会觉得和你在一起既没有得到你的体谅与安慰，又没有柔情似水和善解人意，自然就不愿意长期与你相处下去了。

如果他在你面前时，你能够拿出全部的爱和信任，让他感受到和你在一起时精神上有足够的力量和支撑，那么他在事业上也会有更大的动力，在家也会对你更好。

别把那个会对你"幼稚"、对你亲切的他一而再再而三地弄丢了。

十年之前，我不认识你，你不属于我，
我们还是一样，陪在一个陌生人左右，
走过渐渐熟悉的街道；

十年之后，我们是朋友，还可以问候，
只是那种温柔，再也找不到拥抱的理由，
情人最后难免沦为，朋友。

——选自歌曲《十年》

Chapter 3

人不耗尽所有的期待，
　总是很难说再见

分手后好聚好散，
才不枉相爱过一场

分开后的藕断丝连并不能证明旧爱的无比痴情，
相反，诋毁和死命纠缠反而让逝去感情的双方更加难堪。
彼此放过，才是对一段感情体面的收场。
无论何时，请相信，你都会找到一个和你在一起，
他幸福你也幸福的人。

♡

我见过太多分手后的大耍无赖，也见过理亏后的倒打一耙。
我见过情侣在人群中打架，也见过分分合合的死命纠缠。
分开后的藕断丝连更令人难过。

如果谁对我提出分手，那我的回复只有一个字：
"好！"

其实我想说的潜台词是：

"再见，你还可以跑起来。"

很赞同一位艺术界前辈讲过的一段话，她说："任何人要离开我，你都可以离开，只要你觉得我无法给你带来幸福了。如果你跟我在一起不快乐，那么你赶紧去寻找你的快乐，我绝不会阻止你。我坚信，我可以找到一个让我觉得和我在一起他快乐我也快乐的人。"

分手后的拖泥带水、面目狰狞，会彻底抹黑这段感情中那些曾经光彩夺目的瞬间。

不给对方泼脏水，不倾倒情绪垃圾，彼此放过，才是一段感情彼此体面的收场。

♡

分手见人品，不论曾经相爱过的两个人因为什么分开，我们都应该用感恩相遇的心态面对分手，即使是一段特别不值得的恋情，你也一定能从中学到一些什么，而这些都是帮助你今后走向另一段更高质量恋爱的基石。

缘起缘灭，好聚好散。何必垂死挣扎，暴露自己最难堪的一面。优雅地转身，才是高明、成熟且体面的做法。

美好的爱情使双方的情感得以滋养，失败的爱恋也会教人成长。

有的人一向在感情中缺乏责任感，不轻易表达自己的想法，更擅长用冷暴力的方式迫使对方先说出分手。他们无时无刻不用无声的方式惩罚你，更试图把你变成有过错的一方，变成感情里的"罪人"。

分手后，他们对分开的原因只字不提，使你陷入无尽的自我怀疑中，怀疑自己是不是不够好？是不是自己哪里做错了他才会离开？

不要自我怀疑，不要自我否定，千万别被冷暴力一再地伤害！

事实上你都没有那么多的错，你真的很好，是他们在用无声的方式伤害你。如果一个人在感情中连最基本的善良都没有，或者通过使用精神暴力打击对方来彰显自己，这样的人手中握着的是一把冰冷的"刀子"，在毫不留情地"刺"向深爱他的人，这样的人一点都不值得留恋！

分手后你总是使自己陷入痛苦的自责中，而忽略了事情的真相：是他们配不上这么好的你，他们不值得你为之流下一滴眼泪。

有福之人不去无福之家，对于烂人烂事，远离才是我们最好的保护和最大的解脱。

♡

两个人的感情结束了，女生不甘心，想重新和男生在一起，男生明明看穿了对方的心思，却从没有正面回应过，消耗着她的耐心，令女孩饱受煎熬。

"他到底想不想和我在一起啊？"

只要他伸出手,女孩就会把手递过去,可递出了手又没了下文。其实男孩从来就没有想过真的和女孩重修旧好。

如果对方真的想和你在一起,他会主动,而不是和你打太极。
你退他进,你进他便消失,等到你的耐心逐渐消耗到熬不下去的时候,他反而漂亮地退场,还证明了自己的"无穷魅力"。

不主动就是答案,何必在一个没有结果的人身上花费太多的时间?
分手了利利索索地退场,各自生活,才不枉当初相遇一场。

那些离开了我们却不肯彼此真正放过的人,并不能证明他们的留恋和无比痴情,相反,更加证明了他们面对感情挫折时内心的不堪一击和没有对一段亲密关系最基本的善始善终的能力。
是他们对我们的打击和伤害,才使得我们更加清楚地看到他们真实的一面,我们应该更快一点从这段感情中走出来,让自己恢复理智和清醒。

♡

我特别想问大家一个问题,你们也可以在心中默默地问自己:
"如果那个把你推进深渊的人重新回来了,你还愿意跟他走吗?"

我知道一定有人要说:"会的"。

多给别人一点机会，不好吗？

但我要说的是：爱有的时候不就是这样吗？撞了南墙，敢爱，也敢离开！

"明知道受伤害更深的那个人是我，但我选择了原谅发生过的一切。"

"我对得起任何人，我在这份感情里问心无愧。"

当发生了一件令我们十分不愉快的事情时，倘若我们用愤怒的方式与其对峙，那么全世界的大门都会立刻紧闭起来。

而慈悲心是抵抗愤怒很有效的方式，时常保持一颗善心对别人，我们自己也会受益匪浅。

不论一段关系最后结果如何，如果我们能这样想：

对方和我们在一起时其实也是想努力获得快乐的，只是对方也是一个会犯错的普通人，也许对方在做错事后，内心也会纠结和懊悔，那么当下我们有多种选择方式，不一定非要用撕破脸这种最难堪的方式收场。

当我们尝试着去理解对方的行为时，我们会认为，对方也只是在他的行为模式里形成自我保护，是他的经历、他遇到的人和事构成了他当下的处事方式，他必须这么回击才能保护自己。即使这种模式并不可取，甚至很自我、很极端，让别人很受伤，我们也不必无限放大别人对我们的伤害，这样我们也就不会感到那么痛苦。

因为爱，会收获更多的爱。

因为恨，则遭遇更多的恨。

爱是一道光，当我们的灵魂一次次升级，请相信，我们终会走到更加明媚的日子里！

2019年10月，开启失恋后的吉隆坡一周行。在云顶买了一些可爱的小物件，在吃泰餐前打卡拍照两杯黑糖珍珠牛乳。

茨场街的粉色调巴士与湛蓝色天空交相呼应，自己此刻仿佛也置身于粉蓝色的世界中。

旅行果然对治愈失恋后的灰头土脸有奇效！心情也变得更加清新明快起来！

倘若不是分手，或许我还不会在那年那月那日去看马六甲海峡和红房子，去遇见更多更有意思的人和事。

失恋后你用力让自己快乐起来的每一件小事，都是失恋本身带给你的另一种珍贵的补偿。任何一件看似不太好的事情如果最终能使你开悟和觉醒很多，那么你就会在今后的人生里收获更多。

致，失恋这件小事！

缘尽之人，即使相隔几个街区，也终不会再见

水花只能开在雨天，烟花要绽放在黑夜，
雪花大多舍不得冬天，就像我舍不得和你说再见。
我把自己留在今天，去保护我和你最好的明天，天亮以前说再见。

♡

我是 2021 年初决定离开深圳的，也是那时候，在我的心里已和一段不可能复燃的感情说了再见。

他不知道我走了，当然，他也不必知道。他就是我上一段感情里的男主人公。

那时候我明白了一个道理：人在不耗尽所有期许的时候，是不愿意彻底放弃一件曾经很珍贵的东西的。只有当无法逆转的事情发生了，才会把那份苦苦的等待和期许逼上绝路。无论你用双手如何紧紧抓着它，

当刀子砍下来的时候，你也不得不把手放开。

另结新欢并不酷，长久的爱才更值得炫耀。

分手后的很长一段时间，我依然在这段关系中频频回头，似乎也感受到过对方给我的回应。那时的我像极了一个好骗的傻子，也许陷在爱里不愿意出来的人都有过这种体会吧，好像这样也很幸福。

但后来我才明白，缘尽之人，即使空间距离相隔仅有几个街区，也始终不会再相见。

♡

直至今天，最后离开深圳的那晚在我脑海中的画面依旧清晰可见，我退掉了当时租的最后一个房子，订了凌晨三点的机票，准备在深夜和这座与我有太多牵绊的城市作无声的告别。

坐在开往机场的计程车里，耳机循环播放着《天亮以前说再见》，穿梭在深圳灯火通明、万籁俱寂的夜里，我用最平静的方式与这座有我太多回忆的城市说再见。

印象中，出租车师傅很热情地与我聊天，我说我要离开这里了，他跟我讲，这座城市有太多太多的年轻人，想要实现梦想就来这里，师傅热络地讲着，他想要说服我留下来。是啊，这也是我当初一毕业就背着行囊来到这里的缘由，转眼间一年半过去了，我已然对这座城市有太多太多的感情，走遍大大小小的角落，想过无数次坚持不住就离开，然后又一次次地撑了过去，却不承想竟然真走到了要说再见的一天。

我默默问自己：恨他吗？恨这段感情草草收场、无疾而终吗？恨在想挽回感情的时间里耗尽漫长的等待，恨这不甘心的结局吗？
　　恨吗？
　　不恨了，那时的我已经没有力气去恨了。

　　车上的某个瞬间，我觉得自己的生活如同上演电视剧一样，好像一闭上眼睛就能谢幕。就让属于我俩的回忆在此刻彻底画上句号吧，从此山高水长，各不相欠，也不辜负当初我们在最好的年纪遇见。

♡

　　那年冬天，对于我来说，依稀记得当时好难过啊，但现在也似乎想不起来有多难过了。
　　我只记得当时我拨通了妈妈的电话，妈妈是最懂我的人，她知道我还没有从那段感情中走出来，那天我哭得特别厉害，像极了一个被困在爱的井里的傻子，井盖打开的一瞬间眼睛被刺得好痛，泪也终于止不住流了下来。
　　我是一个不善于把悲伤和难过在外人面前显露的人，除了亲人，我几乎不会对其他任何人讲我的事情，并且我在亲人面前显露负面情绪的次数也越来越少，能自己消化的就尽量自己消化。

　　每个人都有情绪，没必要逢人就诉苦，自己在向别人复述一遍的过程中更增加了自己的痛苦，大家都很忙，有这个工夫不如好好休息，用最快的速度自我调整，然后展示一个积极的全新的自己。

在我已然放下那段感情的今天，却发现故事里的他也尝了一遍和我一样的痛苦。

他误以为我也另结新欢，他的不甘心，像极了当时不愿离开这份感情的我。是啊，一段感情结束后，谁都不想看到的一幕就是——对方已经向前走了，而自己还停留在原地，像一个被抛弃的孩子一样孤独无助，而我们终究在这相似的场景里都因对方将这苦涩滋味体味了一遍。

♡

感情里最怕的不是不爱了，不是怨恨，而是遗忘，甚至是当作从没发生过、从没相遇过。

如果我们最终都要失去对方，愿你永远不要忘记我，永远记得我的名字，这便是你我相爱一场最后的证据。如果我们之间的快乐不多，但赚足了你的悲伤和眼泪，好像也还不错，这像是感情里最卑微的自我疗伤的证词。

不论怎样，好像都证明着你我之间的碰撞和这一场相遇的声势浩大，我们辜负了时间，辜负了对方，却也在悄无声息里改变了个性。我们都想要用现在的自己适配当时的对方，悔恨曾经的年少轻狂，却再也回不到最初的状态。

刚认识没多久,他就经常要出差,一走就是很长时间,我想我和他之间的误会隔阂就是从那时候开始的。后来在一个未曾预料的晚上,我们看了一场电影,之后就分手了。

《银河补习班》,一个和爱情没有半点关系的电影,没错,我选的。

影院角落,我戴上了耳机,耳机里循环放着《空心》。我用力闭上眼睛,可眼泪还是不争气地从眼角滑落,他坐在我旁边安静地看向我,他不说话,只是偶尔跟着电影情节故作镇静地笑笑,试图缓解当时尴尬的场面。我们不再像最初看电影时那样喝同一杯奶茶,不再捧着爆米花在底下开心地聊天,我们甚至没有过多的对话。

歌者唱着:

"热爱曾是唯一的信仰,

相互凝望让对方捆绑。

在那时候简单得好傻,

却又空前绝后快乐啊。

……

终于知道爱都有翅膀,

怎么拥抱它终究要飞翔。"

我的公众号就是那时建立的,和他分手后的那些时日,想来我俩都有过不同程度的煎熬吧。那里面夹杂了遗憾、抱怨、委屈等诸多复杂的情绪,却没有人会再主动提起,去深究事情原本的样子,和那些一直没有被解开的诸多疑问。

都说相聚、离开总有时候，没什么能一直到永远。

♡

写下上面这些话，是2022年6月18日。看到电脑屏保弹出日期的那一刻，我一下子怔住了，周而复始，这是三年前我和他相遇的日子，我始终没有忘记。

那年还没有疫情出现，我们无须做好防护才能见面，那时谁也不知道后来他喜欢的球星科比会意外离世，那时的我们总归出现在彼此最好的年华里。

那年的我们还不知道后来见上一面并不轻松的日子里，只剩下对彼此偷偷的想念，而我们再也没有在别人面前继续宣称对方是自己的男（女）朋友。

那年我们在深圳宝安的天桥下相遇，我喜欢他高高大大的身影，喜欢他来迎接我时的样子，喜欢他扒着副驾驶车门故意不让我关上门的讨厌劲儿，喜欢他健康的肤色和笑起来又坏又傻的幼稚模样，从那天开始，我就特别特别地喜欢上他了，一直到很久很久的日子里都没能停止对他的喜欢。

刚在一起时，他在朋友圈写下："大家好，这是我的第二杯半价。"配图是两张我们相遇那天一起看的电影票。

如果给那时的桥段加上一段旁白，我想该是这样：

"这个傻里傻气的人终于有女朋友了，那个总是后知后觉的她应该不会再孤单了……"

和他相识的日子里，我们也确确实实仰慕过彼此的才华。

我欣赏他篮球打得好，会摆弄各式各样的小机器人，他知道我会写作，他说我的声音很好听。

那时的我们都太年轻，不懂得什么叫作珍贵，也不知道要如何才能好好地守住彼此的珍贵。

但这世上有成千上万种爱，却没有一种可以重来。

最近我又一次重温了电影《匆匆那年》，里面的一段话令我印象深刻：

"年轻时，我们总在开始时毫无所谓，在结束时痛彻心扉。而长大后，成熟的我们可能避免了幼稚的伤害，却也错过了最初的勇气。"

那时的我们都像真爱的勇士，毫不犹豫地选择成为对方的男（女）朋友，毫不避讳地将对方公之于众。没有那么多现实的考量，也绝不听从父母或媒妁之言，只想选自己所选，爱自己所爱。

但是当那些幼稚的伤害一再发生时，感情开始慢慢走向变质，挽留和试图补救也始终无法复原当初的样子，而在漫长的时光尽头，我们终将成为其他模样。

《匆匆那年》里，字幕打出一句："你后悔吗？"镜头再一转，他在球场上重新拾起篮球，时间也随之静止在了那一刻。

他哭着说：

"我后悔了，可不可以重新来过？"

许多年后，在他的商务桌上仍然放着当年她还给他的那本旧课本，与其说是一本泛黄了的书，更像是青春里数不尽的错过和遗憾。

如果你真的想放下一段感情，忘记一个不可能复合的人，换个环境真是个不错的办法。当你忙着熟悉新的环境，迎接新的人的时候，就没空闲再瞎想，没时间费精力去复原过去的种种情形了。

每一个人都可以脱胎换骨，每一个人都可以长成一个过去想象不到的模样，只要你愿意努力尝试，没有什么是学不会的。

我们在彼此面前，总显得太过于敏感和自卑，直到真正失去了对方，才领悟原本拥有的已弥足珍贵。

后来，我离开了那座城市重新生活。后来的意难平，他比我多。

之后的一年里我又重新开始了生活了，又往前走了一步，对自己有了更高的要求和更加明确的人生方向。

至于感情中的事情，总是相当复杂，难以言说其中的原委和是非对错，但是现在都不重要了。在放弃对方的那一刻，那些事情其实已经悄然远去了。

相遇的那天,他站在桥下,我慢慢地走过去,见他高大的身影站在车旁向我挥手。
那一刻,我觉得自己像一个正在被迎接的公主,但不知道对面是骑士还是王子。

他接我下班,我们在高速公路上路过深圳傍晚的彩霞,
天空令人心醉,我坐在副驾驶顺手抓拍一张,
他一只手握着方向盘,另一只手握着我的手,
不,那一刻,更令人心动的是他。

你我历经生死，
分开已是最好的结局

有的人出现，就是为了和你完完整整地好好爱一次。
即使后来没有了后来，我们也不再是我们。
当缘分散尽，留下慈悲与祝福，才不辜负两个人最初相爱的决定。
愿我们在今后的日子里，都能遇见一个真诚的人，觅得一份永不失联的爱恋。

♡

  正如标题所写的那样，和我经历生死的他，打开我人生恋爱开关的他，是我的第一任男友。我们上过热搜，共渡生死，最后还是分开了。
  大学时，我和他是同班同学，那时我对于感情这事儿还十分懵懂，面对他的不懈追求，自然而然地就走到了一起。

  大一军训，每当我们女生方队路过男生队伍时，整个系的队伍中总能错落听到有人喊我的名字，弄得整个运动场上的人都能听见，当时教官也问那个女生是谁，弄得我很尴尬，觉得不好意思。不过心中也暗自窃喜，想来自己还是蛮受欢迎的。

所以和他在一起的很长一段时间里,我都不明白自己当初为什么选择他。

他的样子很一般,甚至比一般还要再一般点,我的所有亲朋好友见过他的也只能说他是个好人。他身上没什么特别出彩的地方,没有那种特别能让女孩子引以为傲的才华。如果非要我说出他一个特别大的优点,那就是他特别爱我。

直到我们分开后的许多年过去了,我才明白,是我的第一任男友,是这个人给了我全部的感动和爱,是他曾经不计得失地守护着我,让我被好好地、完整地爱了一遍又一遍。

他见过我温柔可爱的一面,见过我伤心脆弱的样子,也见过我生气时情绪爆发的吓人模样。但是,我在他面前从来不需要提防自己哪句话说错了,或者那句话说重了,并因此为我们的感情埋下不好的种子,而导致他头也不回地离去。

♡

我的大学时光是在四季如春的城市——昆明度过的,那时大家还用 QQ 聊天,买东西大都是刷卡或者现金支付,回想起来那已经是过去近十年的光景了。

大一那年,我在昆明市的一个歌唱比赛中获得冠军,有幸争取到和《中国好声音》的一位明星同台的机会,那时我邀请了全班同学和老师一起看演出，他们都在台下为我加油助兴，那时的日子一度欢快无忧。我是集体的"开心果"，也和伙伴们相处很好，彼此守望相助，那时的我曾经感到无比幸福。

那段无忧无虑的时光虽然短暂，但是有他陪在我身旁，有大家都见证着彼此十八岁的模样，我感到无比美好！

我和他去玉溪的抚仙湖吃烤鱼和烧洋芋，逛百年的建水古城，也一起吃遍学校周边大大小小的云南美食。

后来朋友们也因此调侃我说：你俩就比着长胖吧！

哈哈，我把这称之为幸福长肉。

说实话，大学期间，我的体重曾直线上升三十斤！也许是因为云南美食真的太诱人，使我这个吃货不由自主地陷了进去。虽然现在我已把那些肥肉甩掉，但是在我最重的时候，他依然对我宠爱有加，这想必就是真正爱一个人时的样子吧！

真正爱一个人是爱着对方的全部，而不会那么在意外表的变化，即使对待对方的缺点也能当作稀世珍宝一般捧在手心。

♡

大三那年我申请了提前毕业，我的本科是全日制四年院校，当时我们学校有提前毕业这一政策，我想着提前考研，所以当时我毫不犹豫地决定申请跳级。大学时期我几乎是用三年时间修完了四年的全部课程，最后提前考上了研究生。

所以和他在一起的时光满打满算不到三年，之后就是异地，我在读研，他继续准备大四毕业，并且在我的鼓励下他也着手准备考研。

毕业后他来我的城市看过我一次，之后我们就没再见面了。异地情侣想维系好感情有多困难想必只有经历过的人才能体会到，我也很羡慕那些经历异地但最终走到一起的情侣，因为不在对方身边，很多时候感知不到对方当下的全部心情，看不到对方写在脸上的情绪，只能靠文字、语音相互体会，很多时候我们的判断也并不完全准确。

果不其然，我俩还是没能撑过去。

导致分手的原因我们都心知肚明，原本他自己读研的动机不算大，是我一直鼓励和支持他，把自己考研期间的全部经验和备考内容分享给他，最后他才顺利拿到研究生的录取通知书。我俩异地期间吵架次数越来越多，在各自读研时，因为一次强烈的争吵，他借着吵架心情不好，竟然向学校提出休学，他的举动让我彻底失望，之后算是正式分手。

他曾对我说，如果不是和我在一起，他也许在班上就是一个混日子的人，根本没想过努力学习，更不会和我一起经常泡在图书馆，一起去很多以前从来没有去过的地方。

研究生的第二年我人在国外，和他几乎断了联系，但他还是会经常偷偷翻看我的微博，查看我的近况，并把我在国外拍的照片用作自己的微信头像。

分手后我看了许多令人伤感的电影,《再见前任》《后来的我们》……每当看到电影里相似的情景,就能想起上大学时我们说要永远不分开的样子,也曾那样坚定地认定过彼此。

即使后来没有了后来,我们也不再是我们。

♡

如果有一个人能为你的人生兜底,是不是一件很幸运的事?

是!而他曾经就是那个为我的人生兜底的人。

大学第二年,我们去昆明海埂公园游玩,滇池虽是一片湖泊,但是许多地方都会浪花翻滚,没有任何防护的岸边比潮涨潮落的海边更加危险。

当时我和他路过一处长满青苔的岸边,他一个不小心竟然滑了下去,直接掉进了水里。当时我站在旁边脑子一片空白,想都没想就冲上前想要拉住他,一下子我也滑进了水里。

那是我人生第一次面对面站在了死神的面前,全身被水淹没,头根本无法浮出水面,加之我根本不会游泳,只能大口大口地在水里呛咳,试图用闭气拖延时间。

那一刻,我在脑海里不停地反问自己:

"难道我的生命在此刻就要终结了吗?我还有许多事情没做,还有许多理想没实现,我不能就这样死去,我不能就此放弃。"

经历了一番在水里和死神的顽强抵抗，我俩最后在水里找到了彼此的手，正好岸上路过的几个好心人拿起长棍营救我们，他一只手抓住棍子，另一只手紧紧搂住我的脖子，最终我们得以获救。

经历了劫难，那天我们就上了微博热搜。那时的我们没有在危难时刻放弃对方，更没有为了彼此独活而把对方踩下去，那一刻我们更加明白，这一生的情谊都将值得收藏，即使最后没能有一个圆满的结局。

对于我俩而言，对方已然是一位老友，无法走到一起，或许才是命运最好的安排。

后来的我们消失在人海，这已是皆大欢喜的结局。

$\heartsuit$

细细数来，从和他认识到现在，已经过去整整十年。我经历了一段前所未有的迷茫期，内心几经起落，有一天我的手机突然弹出一条短信，是他发来的信息：

"雪柔，你真的很勇敢了，要幸福！"

那是不论我如何让他伤心过，他令我失望过，依然希望只要今后我能过得好他便无所求的人，是曾为我的人生兜底的亲人。

再后来，他又去了落水的地方，发照片给我。

我没有回复。

那一刻的剧情无人更改，但无论今天怎样追忆，也追不到那一天的感情和心境……

《十年》这首歌曲，背后有一个故事。词作者在创作这首歌曲时，灵感来源于他曾听到的一段往事。

一位出租车司机一次在深夜载上了一位女乘客，而这位乘客正是他十年前的女友，女孩上车之后司机一眼就认出了她。一路上女孩子一直沉默不说话，当就要抵达目的地时，女孩突然告诉司机师傅要改变行程，之后的一路上她一直用手机和朋友通电话，开玩笑地打趣说着这十年间自己经历的酸甜苦辣，司机就这样默默地听着，而往事就像电影一样一幕幕在脑海里浮现。

等女孩打完电话车也开到了目的地，正当司机要走时，女孩叫住了他，女孩哽咽着说："我已经把这十年间的经历都讲给你听了，你连一句'你好'都不愿意说吗？"

司机颤抖着挤出了一个微笑，只说了一句"再见"。

那种既陌生又熟悉的感觉，就像是昨日的快乐分明就在眼前，但站在今天的十字路口，却早已失去了千万遍。

有些故事如果始终写不到结尾，那不如就让我们在收笔之前，好好地说再见。

2018年，我独自去了稻城，经历了一次海拔五千米高山反应的折磨，终于彻底放下了和他曾经的一切。体验了惊心动魄的过场，见证了死别之后再选择生离,或许能在感情的分分合合里多一份平静和禅悟。

或许有人认为,分手了是无法成为朋友的。于他,终归是感动大于心动,这段感情没有怨恨、没有诅咒、没有面目狰狞,我们已然成为亲友。

事情过去很久了,爱情也早已消失,但亲人不会离开。

所有事情都会有结局。

这世间悲伤如林，
但他们其实从未离开

亲人离开的伤痛，在人生中总是那么沉重和久远。
离开的亲人，其实他们化作了天空里的星星，
在每一个我们感到孤单的夜晚，其实他们正在用另一种身份，
陪伴和守护在我们身边。

♡

火葬场是个可怕的地方。

在我念书时期，曾经去过三次，目睹亲人的离开。

两次是在我未成年时，一次是在上大学以后，那对于我来说简直是噩梦般的存在。

上小学时，因为奶奶家离学校很近，放学之后我经常走路到奶奶家，等爸爸妈妈下班了，吃完晚饭我们再一起回自己家。

印象中，奶奶经常做拿手的烩茄子和酸菜馅饺子给我吃。放学后我

在奶奶家门前跳皮筋，奶奶在屋里包饺子下锅，爷爷在门口静静地坐着，时不时地抽一根烟。

我们家人的关系一直很好，我妈妈和奶奶的关系也一直相处得不错，我们家从来没有那些特别突出的家庭矛盾。

我能清晰地感知，大人们悉心经营的关系都是为了让我能在友善的氛围中长大，为我做出了一些牺牲和让步。

儿时我总觉得一切都很安逸，是那么岁月静好，我更加不明白永别意味着什么。

都说女孩相对男孩来说要成熟得早一些，但我似乎是比较晚熟的那一个，也不擅长言辞和表达。在我上初中的时候，奶奶的身体就开始不好了，后来经常需要住院治疗，那时我还不知道事情的严重性，只见爸爸经常去医院陪床，忙前忙后许多事情。

后来我听大人们说，奶奶得了癌症，正在化疗阶段。虽然那时我年纪还小，但我知道那是一种很难治好的病，每当放假我也会和爸爸、妈妈一起去医院看望奶奶。

再后来奶奶的病越来越严重了，她好像自己知道，又好像不知道。

她跟爸爸说，病好了后要回老家看大桥。

后来我再去看她，她总会问我一句："雪啊，你恨不恨奶奶？"

我那时候根本不理解奶奶为什么要这么问我，我甚至还不知道什么是恨，我为什么要恨她？

长大后每次回忆起那时她问我的问题，我只恨自己，为什么那时的自己竟是如此懵懂无知、笨嘴拙舌，她每次问我的时候，我都一言不发。只是爸爸、妈妈在旁边说着怎么可能恨呢，要她别瞎想。

　　后来我才明白，奶奶可能担心一直以来她对我表哥的照顾和关爱比我多，所以心中总有些愧疚。可我会这么想吗？我当然不会，我从来都没有这么想过。

　　我妈妈是一个特别明事理的人，我继承了妈妈的基因，我们一家人从来没有在家庭的得失里去计较过什么。那时我就特别感到骄傲，是妈妈从小对我的教导和以身作则的榜样，支撑起今后我人生中一道道亮丽的风景和更宽广的格局，是爸爸风里雨里的爱，让我认定今后也要找一个像爸爸这样的人，真心对我好。

　　奶奶离开是在我上初中时，有一天爸爸、妈妈在医院里陪床，原本想出去办点事，却突然被医生叫住，再返回病房时奶奶就离开了。

　　那是我第一次去火葬场，在好多亲友的陪同下送走了奶奶。

　　她是第一个离我而去的亲人。

♡

　　后来爷爷的身体也越来越不好了，在我上高中的一天，中午放学爸爸来校门口接我，我走向爸爸的时候，他开口对我说："雪雪，爷爷走了。"

　　他那天用沙哑的嗓音对我说出这句话，当时我不知道该回他什么，我只是故作镇定地应了一句,然后坐在爸爸的自行车后座,我们都不说话。

他带我往家的方向骑着,那时我的眼泪就开始在眼里不停地打转,我仿佛看不到街上的其他行人,只是没有抽泣出声音。

除了在火葬场送别亲人,我几乎没见爸爸哭过。爸爸在我眼里一直是乐观和豁达的人,虽然有时候脾气有点冲,甚至说话得罪了人自己也不知道,但他从不会去记别人的仇,更没有那些复杂的心思和手段,爸爸是一个心地特别善良的人。那时候我们家在一个小区五楼不大的房子里,爷爷走后,有一天我听见爸爸在沙发上看电视时鼻子抽泣出声音,我没过去看他,也不敢问。

这是在我十八岁之前,关于离别最深刻的记忆。他们都是我十分重要的至亲之人,却在我懵懂无知的少年时期,有一天静悄悄地离开了我的生活。

我不知道去哪里可以再找到他们,也不知道他们是不是真的离开了,就再不回来了吗?

♡

直到我上大学时,再一次目睹了亲人的离去。

一切都好像是命运提前安排好的一样,亲人要离开的时候,会让你回来看他最后一眼,送他最后一程。我姥爷离开的时候就是这样。

那年十月初国庆长假我跟学校老师请了假，说想回一趟家。

我是在美丽的春城昆明读的大学，而我的家在河北，从云南到河北，几乎是跨越了大半个中国的距离。可那时我就是想回家看看，我自己也说不清缘由。

上小学之前，几乎每天我都会去姥姥家，我从小就是在姥姥家长大的，不仅是我，我表姐、表弟、表妹们从小就在一起玩耍，晚上也经常围坐在姥姥家一起吃饭。

儿时周末，我和表弟经常会相约在姥姥家玩耍。那时姥姥家是一个二层楼的庭院，楼下的东屋、西屋就是我们玩耍的阵地，一楼通往二楼的楼梯也成了我们的滑滑梯。我们在二楼玩游戏机、打魂斗罗和超级玛丽，也偶尔淘气，把楼下的箱子烧出几个大圆洞，搞完破坏拔腿就跑，姥姥、姥爷也当然不会就真的责怪我们。姥姥家的储藏室里永远有各式各样吃不完的点心：桃酥、沙琪玛、杏仁露、蛋糕、油炸酥麻花……事实上我们家并不富裕，甚至在那个年代只能算勉强温饱，但姥姥家的吃食总是不断，尤其是当我们几个孩子都在家的时候。大人们自己过得节省，却从来没在吃的、用的上面亏了我们几个孩子。

十月二日那天，我刚刚从昆明回来，说巧也巧，我表弟一家早就搬去了天津，那天晚上事先没跟我们任何人打招呼突然也回来了，说一起过十一。

我们所有人围坐在庭院里，那天的氛围比平常热闹许多，姥姥、姥爷十分高兴，子女承欢膝下，享受天伦之乐。

我们都是被姥姥、姥爷一口一口饭喂养大的，我们几个孙子辈，对姥姥、姥爷的感情也总是分外地浓厚。

可就在那天深夜，我们被舅舅的电话叫醒，得知姥爷在半个小时前离开了人世。

我和姥爷都属猪，我一直觉得属猪的人都是有福之人，姥爷也是。姥爷走的时候没有遭很大的罪，此前也没有患很痛苦的疾病，但他还是在那天夜里见了我们大家最后一面之后，就离开了我们。

当我们深夜返回姥姥家时，只见姥爷闭着眼睛躺在床上，大家都哭了，姥姥是一个坚强的女人，她向我妈和我舅描述着当时的情况，说姥爷走的时候没受很大痛苦。

"你爸是个有福气的人。"她叫我们大家不要太难过。

但我知道，姥姥心里的难过是我们根本无法体会的。姥爷离开后的许多年过去了，姥姥每每提到过去的事情，总会把姥爷挂在嘴边，每次说到那些事情时我都能感受到她很幸福。

其实姥爷离开后，我总是不敢想他已经走了的这件事。一年、两年，除了姥姥，当大家都不再提起时，在我心底里依然觉得姥爷离开人世这件事就像一场骗局，我不愿去接受和触碰他已经离开了的事实，我怕我的泪水随时会决堤，我觉得他从未离开过我。

♡

时间是残忍的，那些好似昨天才发生的事，却不知不觉已经走远了好多年。

后来，我觉得那些离开了我的亲人，他们化作天空的星星，在我们人生孤单的时候，其实他们都在我们身边。

一次偶然的机会我看了一部剧，剧情讲述了两个男人不幸死亡后，逃离通往天堂的火车，在和神灵交易完毕后化成其他肉身重新回到了自己最亲的人身边。

他们不能解释自己原来的身份，他们的亲人也不知道眼前之人就是曾经离开了的亲人，但他们用另外一种方式，重新回来找到他们最爱的人。

其实他们从未离开。

他们活在我们的记忆里，他们也永远不会被我们忘记。

我是一个不爱显露悲伤的人，但亲人离去的伤痛，在我的人生中是那么的沉重和久远。

这世间悲伤如林，但因为爱，他们其实从未离开。

给你痛苦的人，也曾给过你快乐

真正的喜欢是不那么在意回应的，是心甘情愿地付出和成全。

先走的那个人总能在关系里游刃有余，停在原地的人只得留守回忆故作镇定。

有时，我们光是遇见一个人，就已经花完了所有的运气和惊喜。

♡

遇见程珂那年，是尘悠悠在国外求学的那段时光。

程珂和悠悠都是国内一起去的交换生，那时他们是同班同学，又同是中国人，大家自然更熟络一些，业余时间也经常泡在一块儿。

程珂的装扮总是又酷又飒，在国外也能吸引来许多女生的倾慕。身为班长，他对班里的女孩子们也照顾有加。

在国外的日子里，大家同是中国人，自然相互取暖。尘悠悠是班里年纪最小的女孩，程柯也只比她大一点，自然对这个唯一的妹妹有更多的关怀与体贴。

那时他陪悠悠去过好多地方，陪悠悠一起去图书馆、咖啡厅看书学习。程珂像是人群中的惊喜，总能变出独特的礼物放到悠悠手上，让悠悠在朋友之中显得与众不同，接受一份独特的偏爱。

虽然两人之间都有一丝说不清、道不明的情愫，但在国外繁忙的那一年里谁都没有捅破那层窗户纸。

♡

那时悠悠也不知道自己对程珂是哪一种感情，是单纯的好感，还是依赖、爱。但这种感情在不知不觉中愈加强烈，贪恋对方给的温暖，不由自主，不受控制。

那是一种安全感，是和程珂在一起时感觉到是可靠的，是什么都不用怕的。

后来，那感情逐渐变成一种卑微的喜欢，是明知对方没有全心全意对自己好，却陷入其中不能自拔。

再后来，程珂和悠悠关系也还不错，但他心思显然不全在悠悠身上了。他不再和她一起去大街小巷，不再和她一起看电影，不再有许许多多新的互动和交集。程珂开始把温暖和关心转向其他女生，或许是和悠悠在一起腻了，他总能把班里的所有女孩子都关心一遍。也幸好，他始终没有彻底忘记悠悠这个唯一的妹妹。

《天后》那首歌里这样唱道：

"我嫉妒你的爱气势如虹，像个人气高居不下的天后，你要的不是我，而是一种虚荣，有人疼才显得多么出众。"

喜欢上一个人时，即使那个人在你面前肆无忌惮地对另一个人好，即使他与你日渐疏离，即使你知道你们写不出结局，可目光还是忍不住为他停留，成全对方所有。

那是一种崇拜感、自豪感，和对方在一起都会感觉很骄傲。

悠悠是特别懂事的女孩，即使与程珂渐行渐远，她还是不作不闹，没有一丁点埋怨。

她说，给过你痛苦的人，也曾给过你很多的快乐。

♡

见面时，悠悠在程珂面前永远表露出自己最为积极的一面，一直到毕业那天。

那天的教学楼前热闹非凡，所有毕业生齐聚一起，准备留下对彼此的记忆和怀念。大家热络地聊着，说着今后彼此不同的打算和发展，记得要时常联系这些话题。

悠悠见程珂出现，还是当作什么事都没发生过一样，故作镇定地笑笑。程珂也主动朝她走来，问候了几句。但悠悠心里知道，今日一见，或许就是最后一面。

时间一直倒数着，那些剩下不多的快乐。

既然最后我们都要面对分离，那不如在最后的交集里，把最好的状态留给对方，何必流露出那些复杂的情绪来，摆在对方面前硬要对方给一个说法？对方可能不仅不买你的账，反而会觉得当初不和你亲近才是最正确的选择。

定格在人生中的几个背影，总是特别令人清晰难忘。当时的我们或许知道，也可能不知道，说不定哪一次再见就是此生的最后一面，哪一句话就是此生和对方说过的最后一句话。

命运总会在你未知的情况下，让分别来得猝不及防，也用最寻常不过的场景，定格一些你此生难忘的记忆。

♡

真正的不怨是即使那个人对自己的态度发生转变，也愿意用柔和的方式给这段关系画上句点。

真正的不悔是绝不给对方留下一个消极阴郁的自己，就算今后不再相干，也相信会有更多美好朝向自己走来。

那时悠悠只是程珂感情世界里的几分之一，而程珂几乎是悠悠感情世界中的全部。是程珂在异国他乡给了悠悠陪伴和关怀，是他为悠悠撑伞和撑腰，是他给了悠悠一份特别温馨的感受。

有时，我们光是遇见一个人，就已经花完了所有的运气和惊喜。

真正的爱是不那么在意回应的，甚至是心甘情愿地付出和成全。

喜欢一个人时，宁愿以"朋友"这最为保守和保险的身份出现，也不愿意把关系弄僵，搞得难以收场。宁愿故作镇定显露出不再纠结的样子，也不愿意面露郁色，给对方增添一丁点儿负担。

直到有一天，和那个人真的分道扬镳，不再联络。

昔日的物品就像通往过去的桥梁，即使那年光景不再，回忆如过眼云烟匆匆逝去，可只要每每听到那几首歌，看到他送过的东西，也总会不自觉想起那个人，和曾经与他发生的一切。

回放的录像带斑斑驳驳，却记录下了当时大家最好的模样。

"是你给了我一把伞，撑住倾盆洒落的孤单。
所以好想送你一弯河岸，洗涤腐蚀心灵的遗憾。
没有你的地方都是他乡，没有你的旅行都是流浪。"

人与人之间最可贵的，就是在青春燃烧的日子里，共有一段值得骄傲的记忆，一份可以永远怀念的经历。是这些经历把我们平凡的人生变得不那么平凡，丰富和完整了那些难熬的年月。

希望我们都能拥有一段值得回味的历程，在同样有过疼痛和失去的青春里，隐隐发光。

那个陪你抓娃娃的人,从身后为你变出甜甜冰激凌的人,给衣服喷上祖·玛珑佛手柑的人,你还记得她吗?

那个从你的世界里偶然经过,却也留下一丝淡淡痕迹的人,她现在还好吗?

就像在机场等不到船只，
你等不到他

当我们把期待放在别人身上时，不仅是对别人的负担，更是对自己无形的折磨。
错的人总要走散，在各自的人生道场上日渐疏离，渐行渐远。
等不到的人就别再等了，不和错的人分道扬镳，
对的人又怎能走进你的生命里得以相逢？
缘起则聚，缘灭则散；缘起缘灭，顺其自然。

♡

  写这篇文章的时间是 2022 年的 5 月 20 号。我原以为这一天我再次脱单了，好像遇到了一个精神上同频的人，可能当初我俩也都以为真的能走到一起。但事情往往有许许多多阴差阳错，老天总会在你对生活满怀期待时给你当头一棒，甚至要你永远不得翻身。

  有些事情一旦做错了，就没有再回到最初的余地。你如果不想自己太难堪，不想让自己陷入痛苦里太久，最好的方式就是头也不回地离去。

永远不要把期待放在别人身上,也不要去过分在意别人的眼光。

这是我时常提醒自己的一句话,如果你觉得自己曾在一件事情里做错了,吃了亏,一切总显得被动,那么你唯一能做的就是站起来拍拍身上的尘土,弄清楚当时是在哪一步产生了错误的想法,哪里做得不对,弄清楚今后再遇到类似情况时要如何避免,然后好好地走好今后的路就可以了。

发生了不好的事,许多人总是习惯于找对方的过错,挑对方的毛病,觉得自己很委屈,甚至怨愤为什么偏要自己承受这些痛苦,自己究竟做错了什么?

千万不要对已经发生的事再去过多难过,因为那没有任何意义,也不要再审视和评判对方的行为,因为那从此与你也再无关系。

我们应该去做的是深度思考自己的问题,自我反思。

♡

我是一个从来都不喜欢去纠结已发生了的事的人,任何事情都是福祸相依。如果现在的情形对你来说并不太好,甚至很坏,那是因为你还没有看到最后。

这其中蕴含着更多值得你去提升和借鉴的东西,只是当下你沉溺在事情表面的好坏中,计较眼前的得失,而未必能真正看清对于你来说好的一面。

当我们把期待放在别人身上时，不仅成了别人的一种负担，更是对自己无形的折磨。

你会时刻观察对方的动向，时刻希望对方按照自己的意愿行事，但结果往往总是没有期望才不会有失望，你只有时刻对自己充满期望，降低对别人的需求，才能感受到真正的轻松和快乐。

"人非圣贤，孰能无过？"
"那对方会不会因为某些事情而看轻我们？"

为什么要那么在意别人是怎么看我们的呢？你可以洒脱一点，随便别人怎么想。难道你能控制住每个人的思想吗？他们在你的人生中就这么重要吗？重要到需要我们时刻殚精竭虑，消耗掉自己那么多的精力和宝贵时间吗？

我想要告诉你们的是，无论此前在我们人生中发生了什么未曾料想过的事，甚至将来有天大的事降临在了我们身上，我们都不要垂头丧气。你要先让自己平静下来，无论别人是否会看轻我们，我们都千万不要轻易看轻自己，耐得住寂寞，方能韬光养晦。

我一直都觉得，向别人解释自己是一件极其愚蠢且没有意义的事情。懂你的人不需要你解释，不懂你的人解释也没用。我是那种即使被误解也懒得多费口舌的人，时间会让人看清所有事情的真正面目，何必急于要在别人面前自证品行呢？你又不是为了他而活，不是吗？凡是一点委屈都不能受的人，喜欢贪别人便宜的人，这样的人本身就与幸福渐行渐远。

如果事情有解决的办法，那么就不必担心；如果没有解决的办法，担心也终究徒劳。过好当下的日子，脚踏实地走好每一步，抛下过多的欲望和杂念，人生就不会太差。

有时人与人之间只是一场短暂的相遇，缘分没到那个地步，强求也无济于事。缘分到了，不用刻意做什么也能够自然而然走到一起。

没有走到一起，你便攥紧拳头，生出许多不甘心，感叹事情怎么会发展到这个地步，好像只差那么一点点，就错过了。那么原本这件微不足道的事情无形之中就被你无限地放大了，是你自己在跟自己过不去。

你可以这样想，过去的你，不是也开开心心地过着自己的人生吗？难道遇见了他以后，你的世界就面目全非了？你就再也做不回从前那个快乐的自己了吗？

知错能改，善莫大焉。我们都可以做到。

成年人的世界有时就像一片苦海，度者自度，放过自己，谁都可以拥有重生的能力。你只要轻轻把手松开，不再苦苦苟求，你会发现那些不好的事很快就会离你远去，你的人生还有许多其他事情更值得期待和追寻。

别为了等一个不属于自己的人，终日怨声载道，从黑夜盼到天明。就像在机场等不到船只，走错了方向，又怎能遇见对的人？

♡

　　随着年岁的增长，我们逐渐成为成年人，我们不能再像小孩子那样事事喊着要求公平。

　　长大以后我们才发现，现实中许多事本就没有公平可言，有的人无需太多努力就能过上锦衣玉食的生活；有的人生下来就拥有遮风挡雨的栖身之所，根本不需要考虑下个月房租该如何支付；有的人轻而易举就能得到一份好工作，而不用考虑如何在大城市中立足解决温饱问题。
　　这些人认为得到的一切都是理所当然，他们无法体会一个人在凭借自己的力量去闯这大千世界时，会有多渺小、羸弱，又必须多少次鼓足勇气不屈不挠。

　　我们绝大部分人都在通过自己的双手一点一点打造属于自己的王国，无数个不眠之夜，也只有我们自己知道，身后无人依靠的日子里有多少难以言说的脆弱和困苦。
　　甚至一点点小事，都足以压垮我们的神经。

　　只是我们不愿意逢人便说，我们选择了坚强。
　　我们必须一次次奋力让自己撑住，不能认输，不能倒下！

♡

　　我们的人生啊，要想拥有自己想拥有的，靠的多是自己不断试错的决心和坚持。

　　如果一个人一切太过顺利，并不一定是好事。德不配位，本身就是另一种不为人知的煎熬，总是需要时刻向外界宣示和证明自己的能力，虚伪地活着。这并不是一个自我提升的过程，而是在不断消耗，这些并没有使你练就独立面对这个世界的真正的本领。

　　通过别人的手拿来的东西，本就不属于你，即使它们暂时是你的，你也必然要为此付出代价，因为它们本身就存在着不可预测的危险。

　　水能载舟，亦能覆舟。

　　人生这条路，说到底就是三个字，靠自己！

　　希望我们都能在经过大起大落、踏过千重浪后，回归平静和安宁。就像在机场等不到船只，错的人总归要走散，在各自的人生道路上渐行渐远。如果你总是等不到他，那就别再等了。理性地看待发生的一切，再回归自己的人生节奏，继续坚定地前行。

走啦,这次,换我罚你再也见不到我了。

Chapter 4

你是谁，
往往决定着会遇见谁

愿你活得坦荡，也能赢得漂亮

一个人如果知道自己为什么而活，就能够忍受生命里的一切苦难。
你以为他被打倒了，其实他是在韬光养晦，静待时日，他在不动声色地超越。
活得坦荡是洒脱，赢得漂亮是本事。
打不死你的，终将使你更强大。

♡

每个人的生活都不会是完全一帆风顺的，当生活中有一些不和谐的声音萦绕耳边时，你会选择怎么做？让那些声音永远消失，还是让对方彻底闭嘴？

如果是以前，我可能会选择让刺耳的声音消失，从物理上把它们隔绝开来。

但是现在，我基本上不会删除那些不喜欢的声音，并且能够很好地接纳它们，和所有声音共存。

甚至对于别人的曲解和品头论足，我也不在乎。因为当你对世界的了解更加丰富和透彻时，你会发现，认知不同，评判就不同，对于有些人，一点解释的必要都没有。

某知名人士在一次演讲中说：

"外在所有的声音如果能够影响你，那是因为你内心没有自己的主见，因此就要学会跟不同的声音共存。我始终是那句老话，我不同意你说话的内容，但是我维护你说话的权利，我就是要学会跟各种各样的声音共存，这其中包括一些杂音和噪音。"

某知名演员在接受采访时说：

"今天我站在这儿了，大家可能觉得这么多人都看到我了，仍然有不和谐的声音出现时，你就不要在意你身边那一两个对你指手画脚的人，这不重要，我承受的东西比你多多了，但我依然愿意这么坚强地站在这里，就不要在意那些东西，做好自己该做的。"

你过得不好时，可能有人拉踩你，生怕所有人都不知道你过得不好；你过得好了，也会有人酸言酸语指指点点。不论你在人生的哪个节点，处于什么位置，你都不可能做到让所有人满意，所以，取悦自己，先让自己满意，把自己的人生真正过好，这才是更值得我们去思考和追逐的事情。

一个人只有足够地爱自己，才有余力给别人更多的爱。

不要把别人的想法看得太重，而过于轻视自己，这会把自己弄得越来越自卑。要把注意力更多地放在自己身上，才有可能练就金刚不坏之身，真正成为一个内心强大的人。

♡

相比于那些整日在人群中混迹游走的人，我更欣赏独来独往的人。

每一个独来独往的人，他们的世界简单又丰富，干净又单纯。简单指的是他们虽处于云谲波诡的生活环境，却依然可以坚守本心，不让自己也沦为满腹诡计和心思复杂的人；丰富指的是他们可以把自己的生活经营得有滋有味，虽然总是独来独往，但闲暇之时宁愿多读一本书，觅一顿美食，也不想把宝贵的时间花费在无效社交中，更不会与俗人俗事周旋内耗。他们更愿意把时间花在提升自己上，珍惜生命里的每一分钟，把青春留给自己。

每个人都有自己人生的艰难时刻，而那些独自面对和独立消化的人往往蓄势待发，更能渐渐变强。没有人知道那些不动声色的背后隐藏了多少悲伤与眼泪，没有人知道那些无人陪伴的深夜里，自己是如何亲手扒下一层层皮，再在太阳升起的时刻重生，成为一个新的自己。

这样的人时时刻刻都在成长。

有的人几年间不见还是老样子，你看他永远没有什么新的变化，依旧是按照几年前你见过的样子生活；而有的人你一段时间不联系，等再见到他时竟然有些不认识了，甚至气质谈吐都已发生了很大的变化。他的外貌状态和内在思想都变得与以往不同了，甚至早已不是你最初认识的那个人。因为他在未曾见面的日子里经历着你未曾了解的苦难，他在孤独艰难的日子中一次次破茧成蝶，他一直都在让自己变得更好。

即使被生活暂时打倒，但只要能再爬起来，他们就会让自己更强大。打不死你的，终将使你更强大。

和生活顽强抵抗的人，在任何困境中他们都能想尽办法给自己找到出路，不让自己困于死局。

你以为他被打倒了，其实他是在韬光养晦，静待时日，等待以一个更强大的姿态归来。

他在不动声色地变强。

很多时候，正是我们人生中数不尽的苦难，才成就了今天的我们。

每一个大大小小的苦难，它们看似是人生路上的绊脚石，是特别大的障碍，但其实，它们正是来成就你的，你不能就此认输。来日方长，你怎么知道你不会是最后的赢家？只要你永远不对自己灰心，永远抱有重头来过的勇气，心怀敬畏和善良，这世上就没什么事情能真正阻挡你向前，除了你自己。

拥抱苦难，是每个人成长的必修课。

天将降大任于斯人也，必先苦其心志，劳其筋骨，饿其体肤，空乏其身，行拂乱其所为，所以动心忍性，增益其所不能。

♡

  我特别不喜欢情绪化严重的人，一个连自己的情绪都无法控制和消化的人，又如何能掌控得了自己的人生？

  人如果不能时时刻刻成为自己情绪的主人，那就会沦为情绪的奴隶。

  不要被情绪掌控，不要让昨天不开心的事影响到今日本可以拥有的美好心情。

  因为那真的不值得！

  在我曾经认识的人当中，就遇到过这种人，成天把自己的负面情绪宣泄在社交平台上，大把大把的负能量，给人最直观的感受是：说话不过脑子，想说什么就说什么。

  这让别人看了头疼不说，自己也未必能真正醒悟，反而会越牢骚越烦。

  那要是遇到了很难的事情怎么办？

  反思。

  你要去接受它，你要允许这件事情的发生，接纳它的出现，而不是关闭心门与之对抗。接纳世事变幻，接纳在某个醒来的清晨还对某个人残存着依赖的事实，接受物是人非和分道扬镳。

不要总是考虑在某个事件中别人怎样不好，而是要去反思自己做错了什么？自己的责任在哪里？

有则改之，无则加勉。

让人快速成长的不是听别人讲道理，而是通过自身的经历幡然醒悟。

下次再遇到类似情况，能不能不再犯了？是不是可以处理得更好？

允许自己释放情绪，可以低靡，可以沮丧，可以消沉。给自己一个时间期限，几小时，几天，让这件事彻底翻篇，彻底过去。也许再想起来还是会有难过的情绪，但你要多给自己找出在这件事中对自己来说好的一面，找到在事件中让自己成长和受益的部分，把这些部分放大，就不会那么难过了。

面对任何事情如果我们能逐渐让自己情绪平稳，多用理智思考问题，那么就能避开很多不必要的烦恼，免于让自己陷入更加不好的境地。昨天发生的事，再好再坏都已经过去了，已经无法改变，但它们都属于昨日，它们也永远无法定义今天的你。

我们与世界的关系的本质，归根结底都是我们与自己的关系。知道如何与自己友好相处，便知道如何与世界和平共处。

时时刻刻都不要让自己被关系所累，做到心中有谱，游刃有余。

♡

  如果你想在某件事上取得成功，主见很重要。

  我从小就是那种特别有主见的女孩，小时候和伙伴们玩耍，我总能想出各种各样有趣的点子，把大家都组织起来，做集体中出谋划策的人，想出更加有意思的玩耍方式。高中时，我不仅性格开朗还带一些男孩子气，和班上的同学总能打成一片，老师也特别喜欢我这种真诚、有趣的性格。

  后来我自己也慢慢发现，是我身上闪闪发光的性格特点使得老师和同学们都喜欢我，我能够感受到他们和我在一起时特别快乐、特别舒服自在。

  我喜欢我这种被大家喜欢的样子，也喜欢这些喜欢着我的朋友们，彼此惦记。

  我认为自己是一个充满个性的人，每个人都有自己的个性特征。比如我们看到一个人，她的穿衣风格很有特色，一头浅色短发，机车皮衣和中筒马丁靴；再比如我们在地铁上、马路旁偶遇穿古风汉服的小姐姐，瞬间目光就被她们的装扮吸引过去，总会不自觉地在她们身上停留一会儿。她们自己或许并没有特别在意，但别致的装扮让我们眼前一亮。

  有的人个性显露在外表，有的人个性隐藏在心中。心中有个性，也是一种内在的笃定和从容，对事物有独到的见解，有大局观念和正确的价值导向。

喜欢讲负能量的话，就会拥有负能量的人生；

喜欢讲正能量的话，就会拥有正能量的人生。

这并不是鸡汤，而是很多成功人士在实现人生价值过程中的总结和感受，是经历过坏人、烂事之后的醒悟，是越挫越勇、看明白后的不抱怨，是经历过无数委屈、独自熬过许多痛苦后形成的格局，是自己对外在认知的进一步升华。

大彻大悟的人，都经历过不为人知的绝望。

愿你活得坦荡，也能赢得漂亮。

人生中有许多"第一次"：

第一次考满分，第一次剪短发，第一次走上演讲台……

而第一次穿超短裙，第一次谈恋爱，第一次去酒吧……这些第一次绝不该成为"好孩子"的反面教材，更不该是家中的禁忌话题。

去做一个不被定义的人，去尽兴解锁人生里更多的可能性。

别被固有的认知局限，别把自己禁锢在一个看似大多数人都在遵循的规则之中，如果这规则使你感到不快乐的话。

去寻找你心中隐藏的火焰，让它们在你的人生中热烈地燃烧。

尊重自己，从远离消耗的关系开始

做人永远不要自作聪明，往往不揭穿你的人才是真正的聪明人；
做事永远不要自以为是，因为比你有能力的人，都在默默地看着你表演。

这个世界的恶，很多时候源于自卑心和对无能的愤怒，
是低能量场遇见高能量场，心有不甘却又无能为力。
你要努力让自己做一束光，却不必吹灭别人的灯。

♡

如果生活中有一个令你反感的人纠缠你，你是否会感到郁闷，甚至产生极度厌烦的情绪？我想大多数人心中的答案是肯定的。一个厌恶的声音就像午夜耳边的蚊子，嗡嗡嗡地叫个不停，想必是谁都会觉得十分恼火。

但你能和他比着声音嗡嗡地叫吗？显然这并不明智。

如果是蚊虫，你可以选择消灭它，但要是人呢？你肯定不能去把对方彻底消灭了。比起想要和对方战斗的想法，接纳和理解对方的行为反

而能使自己的内心宁静平和。宽容是化解愤怒和不良情绪行之有效的方法，而和别人较劲是极其幼稚的行为。

这个世界的恶，很多时候源于心底的自卑和对无能的愤怒，是低能量场遇见高能量场，心有不甘却又无能为力。

生活中我们还会遇到这样的人，他们喜欢披着华丽的外衣把自己包装得光鲜亮丽，而那些独具慧眼的高手往往能够瞬间识破他们的伪装。

做人永远不要自作聪明，不揭穿你的人才是真正的聪明人；做事永远不要自以为是，因为比你有能力的人，往往都在默默地看你表演。

♡

尊重自己，从远离消耗的关系开始。

如果你正生活在一段迷茫的日子中，感觉自己正在慢慢腐朽生锈，日子一眼望不到头，又或者是预料到了许多年后的周而复始。

如果你不喜欢这种生活，那就去追求一种自己喜欢的活法吧，活出属于自己的精彩人生！

人生中很多事情都是不确定的，但唯一可以确定的就是死亡。在生与死之间，我们一生的体验才是最宝贵的东西，你可以让自己开心地活着，不辜负每一寸光阴。

你可以按照自己想要的活法去生活，不用那么在意别人的眼光。有的人就是特别想介入你的生活，跟你比个高低短长，但你可以不去理睬，只要你不放在心上，别人就无法真正介入你的生活。

　　谁不在乎别人的眼光，谁就是赢家；谁不在意无谓的消耗，谁就不会受伤。有"心"者有所累，无"心"者无所"畏"。

　　也有的人因为嫉妒，在生活中方方面面都见不得别人比自己耀眼，为掩饰内心的自卑，凡事都要和别人做比较，更试图把别人踩在脚下，尝到一点"优越感"的甜头便无限放大，以彰显自己本领高强。

　　真正聪明的人，不会去和这种人纠缠，也不会陷入对方的格局之中。你可以选择无视这种自欺欺人的"把戏"，你原本是自由的，不要被这些无止境的攀比所累。

　　有时候，与世无争，才能风情万种。

　　女孩子千万不要丢失自己的信心。你要客观地看清楚自身的优点，找到自我认可的坐标系。即便有缺点，你也完全可以通过后天的学习让自己充满智慧和能力。

♡

　　我曾经做过一段时间的直播工作。当时我的工作成绩比较突出，可后来换到另一家公司后，由于当时我接手的账号本身的问题，严重影响了直播流量，效果很不好。虽然我并不那么在意别人会如何看待自己，是否会有人质疑自己的工作能力，虽然我从来都认为对别人解释是一件极其愚蠢的事，但是看着其他员工拿着正常账号直播出成果时，我心里也会有诸多想要解释的情绪，没有人天生喜欢自己的能力被别人质疑。

我是一个不会去随便挑别人毛病的人，只愿做好与自己有关的事。

经营和维系好人际关系，在乎值得在乎的人，舍弃无意义的纠缠，前路才能豁然光明。

成天想着怎么去害别人的人，不一定能真正害到别人，但最后自己的运气一定会越来越差！

对一切经历和遭遇心怀慈悲的人，别人不一定会变好，但自己一定会越来越好！

当你的内心足够强大时，就不会在意别人是否认同自己，真正的自信是不需要通过别人的认同才能获得的。

对自己有一个清醒的判断，即使有人说你不好，说你不怎么样，但你的分量依旧没变！

♡

如果一个女孩拥有博大的胸怀，又做事冷静、理智并且果断，那这样的女孩一定是值得珍惜的。

一个女孩，尊贵的不是她的出身，不是她拥有多少物质财富，也不是她奢侈富丽的装扮，而是她自身的修养，是出世时云淡风轻的心态，也是入世时积极恰当的应对。犹如寒梅迎风盛开，犹如苍松傲然挺立，也如孩童永远不失善良与纯真。

虽然她也会在人际交往时吃亏，但她心如明镜，懂得放眼远望。因为格局不是口头上的解释，而是海纳百川的胸怀。敢于吃亏的人终不会吃亏，种什么豆结什么果，这是规律。

认知在什么水平，最终就会成为什么样的人。

真正的强者是受尽生活的折磨却依然心怀善良，勇往直前！

♡

"弱德之美"也是一种人生境界。

弱德而不是弱者，水利万物而不争。不与小人争是非，不与傻瓜论短长。

如果不在同一认知层次，很多时候你会发现根本没有多费口舌的必要。

这个世界就有那么一种人，习惯"躺"着思考人生，观望和评判别人的生活，对别人指指点点。从来没有奋斗的目标，嘴上说得天花乱坠，好像是"智者"，行动上却原地踏步，不敢突破自我。非但如此，他们还擅长给自己的懒惰找借口，对别人做出的成绩指指点点，忽视别人日日夜夜的付出。

他们喜欢把自己看到的沧海一粟无限放大，喜欢拿别人的曾经去定义别人的当下，他们看不到别人的付出和成长，只看自己想看到的一面，用损害别人的方式填补自己内心的无力和自卑。

这样的人永远不敢直面自己，他们喜欢不停地辩驳，喜欢向外界证明自己，却从不愿真正安下心来审视自己身上的问题，然后去埋头做事，去认真生活。

别把精力消耗在无意义的人和事情上。

允许自己做自己，也允许别人做别人。

和能量低的人交往，你总会接收到对方的负能量，自尊心也容易受到打击，萎靡不振；和能量高的人交往，你往往能得到鼓励和尊重，你会逐渐发现自己身上的闪光点，肯定自己，努力向前。你会充满自信，从而更有机会接触优秀的思想和认知。

每一个人都永远值得被爱。你要相信自己，认可自己，同时还要看清楚那些否定你的人背后见不得光的逻辑。或许并不是你不好，反而是你太出色，超出了他们的预判，所以他们才要用尽手段说你是非，贬低你，让你不能正确评价自己，他们没有得到也不想让你拥有。

没有人生而有义务成为别人获取自信心的牺牲品，任何关系中的任何人建立自信都不该以践踏别人自尊的方式取得。你从未走过别人走过的路，从未经受过别人所承受的生命之重，你又如何能理所当然地认为自己就更了解苦痛的意义呢？

对任何消耗你、打压你的关系都要保持适当的距离，甚至远离。

我们可以把每一天都过得有意义，尽管每一天都有可能出现新的事情，甚至是突发事情需要我们去应对和处理。

我们要有勇气承担该承担的责任，然后继续前行。

不论未来还有多少困难，我永远都深爱着这种动态向上的姿势，不卑不亢，愈挫愈勇！

给自己一个新的机遇，而不是守着旧日的成败恋恋不舍。

别做一个陈旧的自己，要做一个全新的自己，要今日不同于昨日，成为一个更好的你！

面对坏人烂事，真正聪明的人从来不报复。
他们匆匆离去，敬而远之，我们可以重新开始。

要么他成为你生命中的那个人，要么他只是你生命中的一堂课

人生没有无缘无故的相聚，有的人出现，就是为了给你上一堂课，给你一记响亮的耳光。
让你知道社会上还有阴暗面，你还很单纯。

♡

徐西西在认识卞总之前，从未想过在自己的人生中会发生这么多难以料想的事。

西西是在应聘时认识了卞总，卞总就是这家公司的老板。西西有着出众的外表、不凡的气质，公司的人都惊叹她的美貌，卞总很快就把目光瞄向了她。

卞总特别爱撩公司里长得好看的年轻姑娘，这是尽人皆知的事，大家也经常在私下里议论，并且对他的行为嗤之以鼻。西西入职后，他对

西西总是格外照顾，甚至叫西西小名，他对她的喜爱表现得浓烈炽热，丝毫不在意旁人的看法，公司里其他人自然不敢说什么，那阵子大家也都对西西小心巴结着，西西心中自然也知晓卞总的心思。

卞总总是夸她长得好看，气质也好，加上西西本身的才华，她自然是公司里最出色的那一个。

不知从何时起，西西居然开始动摇了。面对一个既有财力又有资源的男人对自己炽烈的喜爱，像是受了什么驱使，她开始一点点地走向妥协。

但事情的发展有时总和原本料想的背道而驰，就在他将要和她在一起时，西西在工作中一次"情绪化"的叹气，使这个理性且现实的男人不自觉地警惕了起来。

也许怕和她在一起后令工作棘手，甚至联想到是否会影响自己刚刚起步的事业，他便很快放弃了她，她成了权衡利弊后被舍弃的那一方。

事业在绝大多数男人眼里是第一位的，在事业面前，对卞总来说，舍弃她合情合理，他不会太多考虑对方的感受。

♡

他太过武断，也太小看徐西西了。

西西从来就不是一个不知轻重、情绪化严重的女孩，相反，她的识大体和成熟睿智才是她身上最宝贵的财富，是任何男孩都希望自己女朋友能够拥有的闪光点。但除了和她进入恋爱关系的那个人，其他人是无法真正感受到的。

卞总开始在所有人面前一反常态地批评她，甚至故意让她失去颜面，有些尖酸的同事也趁机对她踩上一脚。

那一刻西西心里不是难过，也不是遗憾，只是恍惚间闪现了曾经与那个人片刻的心意相通，再无其他。

当初在所有人面前不管不顾表达情愫的是他，后来让她在众人面前难堪的也是他。西西终于知道了，他之前那些慈眉善目都是假的，他只不过是一个极端利己主义者，不过是一只披着羊皮的狼。

她想质问，可质问有什么意义呢？
她太单纯。

他曾觉得自己与西西同频，可他并没有给彼此更多的时间真正了解对方，只根据过往经验判断就对西西也轻易下了定论，给这段关系判了死刑。

当一个男人决定了一件事时，你想改变，那是不可能的。

♡

有一天他去了西西家，西西想着再聊一聊，她天真地认为这段关系还有恢复的余地。

但卞总可不这么想，他作为一个男人的真实想法，想必不用明说。

其实那天傍晚他就没再把她当成女朋友了,不出意外,该发生的都发生了。

喜欢的时候,是谨慎、克制、小心翼翼、不怠慢。
不喜欢了,是放肆、耍无赖,甚至诋毁。

想看清一个人的真实人品,不是看他好的时候对你有多好,而是看他坏的时候对你是怎样的坏。

♡

没有人能永远为所欲为,即使再有钱,也不可能。
每个人都得为自己的行为负责。

他得了便宜诋毁你,贬低你的人格,你要怎么办?"咬"回去吗?
他亏损的是他的德行,而你要做的是今后别再做错,让自己聪明起来。

为什么要那么在意你在别人眼里的样子呢?
千万不要。尤其是对那些根本不值得你付出真情的人,他们对你的看法无关紧要,他们认为的样子是他们的臆想,并非真正的你。

也许你在他的眼里一文不值,但那又怎样?你难道为他而活?决不是！

你应该多去看看你在多少人眼里价值连城，有多少人将你视若珍宝。

当然，你更要清楚自己本身的价值是什么，这些都是你身上闪闪发光的宝贝，失去一个人，将会有更多更优秀的人等着你的回应。

你应该"感谢"那个丢掉你的人，是他让你看到了这个世界上一些人的丑陋面目，让你以后提高警惕，学会照顾自己，而不是抱怨对方：我到底做错了什么，你要如此对待我！

♡

这件事对西西来说，没有在一起就是最好的结局。

尽早看清楚对方的真实模样，好过在一段没有结果的恋爱里越陷越深，最后对方轻松退场，而自己不仅耽误了宝贵的青春，更有可能在这场不公平的关系里患得患失。

为什么说这是一场不公平的恋爱关系呢？

于卜总而言，他花心、有钱、有事业，甚至他会同时开展多段恋爱关系，西西不过是他感情里的几分之一罢了，可如果他们真的在一起，他将是她感情里的全部。

尽早看明白这点，怎么不算是一桩好事？

一个是纯洁无瑕的小白兔，一个是秽乱不堪的大灰狼，大灰狼怎么可能真的怜惜小白兔呢？碰到一块儿就像是命运在捉弄人。

后来我发给西西一段话：

昨天发生的事已无法改变，再好再坏都已经过去了。

如果你一味地保持对抗的姿态，从此拒绝外界发生的一切，只能使自己越来越郁闷。

你应该反思的是当初自己为何会允许这样的事情发生，为何会吸引到这种人。

没有人知道自己生下来要经历多少事情，学会接受所有的经历和遭遇，并且不把它们看作是一件糟糕的事情，你就会觉得前方的路越来越宽广。

你遇见的那个人，要么他成了你生命中的那个人，要么他只是你生命中的一堂课。

原谅那个生命中你最不想原谅的人，因为原谅他不仅仅是原谅他本人，也是放过自己。

宽恕那个你此生最不想宽恕的人，因为宽恕他不仅仅是宽恕他本人，也是在安慰自己。

感恩这个世界上不断给你制造麻烦的人，是麻烦促使你成长，助你灵魂升级。

今天有一个人做了一件坏事，对你的身体、心灵都造成了很大的伤害，你不要怕，伤害你的人必会自食其果。

你只管努力去做你想做的事，对于小人可以视而不见。

你不必去关注他今后如何，也不必评判他为何不知反省，反而更加中伤你。这个世界上就有那么一部分人，他们知道自己有错，也可能根本就不认为自己有错，甚至永远都认为自己是正确的。

所以他们不会有一丁点的自我反思，不会对你留下情分。

如果一个人的自尊早已在地上被摩擦了许多遍，那他根本无法理解自尊的含义，因为他早已失去了人性中基本的善良和道德底线。

改变别人是一件很愚蠢的事儿，你该反省和改变的是自己，虽然正视自己很不容易。

你要理性地、客观地审视你与他的不同，他就是那种人，但你不要成为他那样的人，你要做好你自己。

解除痛苦最好的办法，就是付出更多的爱，世界以痛待你，但你还给世界更多的善和爱。

对伤害你的人最大的惩罚，不是针锋相对，不是怨恨报复，而是放下。

是越被打压，越让自己高高弹起。

是让自己变得更优秀，站得更高，看得更远。

是对他视而不见，听而不闻，从此内心毫无波澜。

你什么都不缺,缺的只是随时都能重头再来的勇气。
只要你一路向前,世间所有的美好都会向你招手!

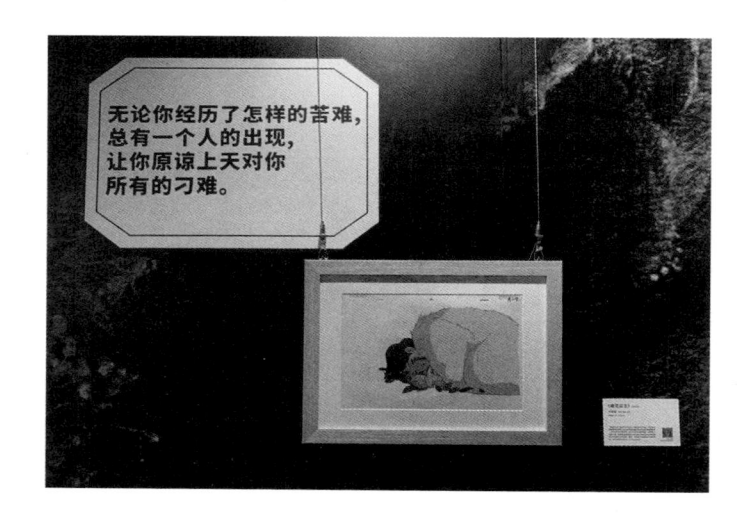

　　参观原画大赏,被宫崎骏《幽灵公主》中的一段话吸引:
　　"无论你经历了怎样的苦难,总有一个人的出现,让你原谅上天对你所有的刁难。"
　　其实,正是那些苦难提醒你,路走错了,该掉头了,
它们正在帮你拦截更大的厄运,阻挡你走向更暗的深渊。

别去等这世上唯一契合的灵魂

我们总在等这世上唯一契合的灵魂，提前在纸上勾画出对另一半各式各样的标准。
但当那个人出现时，你发现他跟你的标准几乎没什么吻合，
可你就是喜欢他了，就是认定他了。
原来他就是你要找的那个人，他就成了你的标准。

上天不会把伴侣分配给凭空想象的人，幸福也不属于在爱情中偷懒的人。
爱是双向的奔赴和付出，心好比长相好更好，懂比爱更重要。

♡

《晚婚》中有一句歌词：

"我从来不想独身，却有预感晚婚，我在等，这世上唯一契合灵魂。"

我喜欢歌者浑厚且带些许沙哑的声线，他说：

"深夜是个好东西，让我想起了以后的梦。"

单身不过有一些寂寞，将就却是折磨。

而婚姻是柴米油盐中的平常日子，是包容和爱。

我们总在等一个心灵高度契合的人，总觉得只有那个灵魂伴侣才能与自己相伴相依，并把这称之为"不将就"。

人人都不愿在爱情中妥协与将就，所以总是在幻想中等待一个近乎完美的对象，而在现实世界里很少主动尝试，甚至只要外形稍有不符就立即排斥，甚至连普通朋友都不愿意做，这难道就真的是不将就了吗？

这不是不将就，这是固执。

想要找到与自己适配的人生伴侣，首先你要对自己有着清醒、客观的认识，不要不切实际，比如好高骛远，又不踏踏实实埋头苦干，终日想着如何找到一个多才又多金的高富帅以改变命运，那才是大错特错。

在爱情中相比于精神契合，更重要的是两个人能够有携手共度柴米油盐寻常日子的勇气，是懂得彼此包容和互相欣赏。也许最初对方并不是最适合自己的人，也没有特别强烈的心动感受，但相处下来却能让你感到心安和快乐，他不仅对你很好，对你的家人也很好，甚至能给你事业和精神上的引领。

有的人迟迟不愿意走出去主动结识新朋友，习惯于被动地等待，但等来的是一个不如一个。

爱情需要顺其自然，但并不意味着我们没有遇到那么心动的人，就立刻排斥当下见到的这个人，甚至连做普通朋友都很不屑，把自己看得过高,也过于轻视别人。

　　你总是在家里想象着另一半的样貌,盘算着他应该具备哪些条件,而从不主动参加一些社交场合,不愿多结交不同领域的人。
　　你总是看不清楚自己的位置,一味对对方提出各式各样的条件,最后却耽误了自己。
　　你总是特别讨厌相亲的方式,不喜欢亲朋好友为你介绍安排,从不肯思量这种方式会不会更加靠谱,至少人品上有多人替你把关。

　　男友不会无缘无故走到坐在家里空想的你面前。无论你喜欢怎样的认识方式,你对感情的期望和需求是什么,你首先得让自己走出去,把自己打扮得精致好看。你不先展示自己,谁又能主动看到你的好,从而想更深入地了解你呢?也许一个优秀又适合你的人就这样从身边溜走了。

♡

　　有人因爱遍体鳞伤,有人听从媒妁之言,有人在生活的鞭打下失去了很多,也有人说低质量的恋爱不如高质量的单身。
　　有爱情会更好,没有爱情也没关系。

　　对的人总会晚一点才到,可当那个人出现时,你会发现他和你曾经设定的标准形象不一样,但你就是喜欢他了,他就成了你要厮守一生的那个人。

原来他就是标准，他就是一直以来你要找的人。

那个你设定的契合的灵魂能遇见的概率实际上很低很低，而大部分婚姻之所以能幸福地结合、长久地走下去，更多靠的是两个人相互包容和相互磨合。当然，如果人品有问题，比如家暴、出轨等，那么保护自己最好的方式就是及时止损，以免于更大的不幸。

初初和大刘刚认识那会儿就是典型的灵魂契合型伴侣，他们都觉得对方就是人群中那个精准的唯一的挚爱，兴趣相投，喜好一致，郎才女貌，很快他们就坠入了爱河。

那会儿他们经常给朋友们讲述遇到彼此是多么难得，初初在而立之年终于遇见真爱，非常开心。一年以后他们就登记结婚。

那会儿他们在我们圈子里可真算得上是一对惹人羡慕的佳偶眷侣。

结婚一年，他们还是很合拍的，卿卿我我，花前月下。但生活总要触碰柴米油盐，后来，男生时不时挑三拣四，嫌弃女生买的菜贵，下班回家不打扫卫生，也开始在朋友面前挑妻子的毛病。

初初也逐渐发现两人的感情在走下坡路，于是就想办法缓和，可对方态度不积极。婚姻是两个人长跑路上的相互搀扶、相互理解，而现在一方选择迁就妥协，一方不愿意配合，结果只能是两个人的关系越来越僵硬。

后来初初对我们讲，自己真的满腹委屈，和老公的矛盾变得越来越尖锐，现在不知道该怎么办，公婆虽住在同一个小区，但感觉很陌生。

偌大的城市里竟没有一个有血缘关系的亲人，连曾经的灵魂伴侣也渐行渐远。

婚姻里，责任感、相互理解等，比灵魂契合更重要。
希望我们都能找到那个精神同频，也更有责任感和担当的人。

婚姻是两个人不仅有福同享，更要有难同当，而不是在贫乏日子里挑三拣四，甚至丢弃对方一人独行。

$\heartsuit$

我和前任一开始也是在网上认识的，但我们不是网恋，很快就见了面。
刚认识那会儿，他朋友圈的背景图上写着——有趣的灵魂终会遇见。
可我们终究都爱自己，胜过爱对方。

分开后的一年里，我问自己，一年，快吗？
好快啊！
已经分开一年了，明明我们之间的距离，不过十分钟车程而已。

你还是偶尔会想起我，是吧？我拉黑了你的联系方式，但我一直还在你的微信列表里，你还是能看到我。
虽然，你是真的没有好好守护过我啊，从开始到现在。

还记得刚在一起的时候吗？我买了超红的樱桃，等你下班回来。你来我的小房子里，我们安静地坐着，我看着你，你身材高大，胸口有文身，我甚至有些害怕。

但我又真的好喜欢你，真开心那时你是我的爱！你工作很优秀，球打得好，但这些我从来没在你面前主动说过，也没来得及向别人炫耀，你也是这样的，对吧？

我买了爱心蛋糕，知道你凌晨还要去机场接人，我只是怕你饿着，但你好像不太开心，每次我对你太好的时候，你都这样。

有一天你会看到这些文字吗？你会为我们的分开而感到遗憾吗？

我不会告诉你我出书了，因为我已经决定了，今生都不会再打扰你。

我们终究不是彼此契合的灵魂伴侣，也不是能相互包容对方的那个人。当爱情不断偷懒的时候，就注定了有一天会走向离散。

你知道我为什么一直喜欢月亮标志吗？因为你说你要做我的太阳啊。

但我们终究不属于同一片天空。

甚至我在我的品牌 Logo（标识）上特意加了月亮图案。

我和你好像只能是这样的结局了。

怎么办，我们好像都不太坚强。

我不会也不想再把关于你的事在别人面前提起。在这本书完结后，就让你我的曾经归于风、归于尘，让它们在秋日的风里远去，也把匆匆路过的你重新归为人海里的陌生人。

我们只是在最好的年华里见过、遇到过，在彼此的世界里路过。

♡

对的人不需要等待，对的人会出现在你的前方。
但你要往前走，而不是停留在原地，不能被动地等待好事发生。

随着年纪增长，九〇后、九五后的许多人已经成家，也有许多人如你我般还未找到心的归属。我们总想趁年轻为自己打拼出一片天地，用双手为自己赢一个更好的未来。

安全感可以自己去争取，尊重和体面可以靠双手获得，而不是在一个伤害过自己的人身上不断纠缠，更不是终日啃老，拿着家里的钱财、房产炫耀，肆意挥霍。

依赖任何人都如同自杀，大树可以为你遮风挡雨，也能让你不见天日。

人生总有数不尽的选择，选错一步，便会走向一个更大的错误，循环往复。

年轻时的我们，可以有多次恋爱，但如果打算步入婚姻，那么请你务必慎重。选择一个人就是选择了一种生活方式，选对一个人就选择了一生的幸福安稳，但选错一个人会有数不尽的伤悲。

一个人最大的智慧和成熟是对自己负责，一生那么长，可以和心动的人恋爱，但一定要和心定的人结婚。

"七岁那年，抓住那只蝉，就以为能抓住夏天；

十七岁那年，吻过他的脸，就以为能和他永远。"

去找他吧，喜欢和合适终会撞个满怀的。

对的人不会从天而降。给自己放个假，也许在街角的咖啡店就遇见了呢？

一个人有怎样的成就，
就看他能承受多大的委屈

谁没有一段晦涩难挨的时光呢？尤其是那些打碎牙往肚子里咽的日子，
只有自己知道究竟经历了什么。
但我们就因此不好好过下去了吗？
敢于吃亏的人，终究吃不了亏；
机关算尽的人，终归占不到便宜，赢了微利，却可能栽大跟头。

希望多年之后，当我们再回首那些饱含心酸的事情，
留下的不再是怨恨、委屈，
而是成就今日更加明媚的日子和那个闪闪发光的我们。

♡

在成长的过程中，人生里有些苦是远远超出当下的认知范围的。

当头一棒时，你会手足无措，就像天要塌下来一样，那种感觉像是快要接近死亡，但无论如何你必须想尽一切办法拯救自己。

无论何时都不要让自己失去希望，不要丧失生活下去的勇气和信心。

当有些我从来不敢想会发生在我人生里的事情出现时，我才深刻体

会到其中的酸甜苦辣，才有深深的感受。

那你能怎么办？

不接受吗？还是活不下去了？

我总结了一个能快速拾起勇气和自信心的办法，就是打破你此前所有的认知，上升到一个更高的维度去思考和审视当下的问题，那么问题便很快不再是问题。

我始终相信，命运所给予你的一切，其实都是你应该去经历的，没有什么阴差阳错，更不能让自己停留在漫长的悔恨之中。也许生活里的这一场苦难就是下一场惊喜的铺垫，只要你的内心坚韧不拔，有些事其实不算什么。

敢于和命运抗争的人，人生就没有过不去的坎，那一切也是你本该走的路。

曾经的我特别感性。其实感性一点也没什么不好，但感性多了容易很长时间陷在不好的感触里，总是需要别人慰藉，需要被哄才能开心。

后来，我基本上可以跳过情绪化的泥潭，用最短时间让自己开心起来，我可以自己做自己的心灵导师，不轻易被任何人和事改变心情。

如果你还是因为一些事使自己陷在痛苦和自责里反复自我伤害，那么你可以试着问自己：难道过去的事情还能再重来一次吗？

发生了的事情，都是你当时所有的心念构成的行为总和，是你当时做出的选择，你就必须为结果负责，为行为买单。即便你觉得在某一件事中你是吃亏的一方,但只要你不去纠结,那么真正吃亏的就不一定是你。

♡

多去看看这个世界吧,多去体会不同的事物,别把自己困在狭隘的天地里。这个世界上总有一些人,喜欢在自己仅有的认知中逞能、逞强,而真正目光高远的人往往笑而不语。

经历了一次次挫折和打击,而你依然一次次顽强地站了起来,那么任何困难就慢慢变得不再是难事了。

你要培养自己的抗压能力,培养把大事化为小事的能力。

人生中许多纷扰不过是微不足道的片段,根本不该被我们的情绪无限放大。

我们都该朝着自己的目标前进,为自己的人生做长远的打算和考虑。

有时候,发生的实际情况远比我们期许的状况好很多,有些事做不成,不见得就不好。很多事是我们当下所不能完全感知的,也许在未来的某个时刻就是成就我们的一个机缘。

一个人只要自身价值足够大,就能立于不败之地。

♡

这个世界上,也有那么一类人,不论你对他有多好都没用,他永远都"喂不熟"，他打心眼里就对世界持有深深的怀疑，看待事物有强烈的偏见，他永远不会感念你对他的好，甚至喜欢体验整人的快感，只要别人不开心了，他就觉得舒服、过瘾。

这种人分不清谁才是真正值得交往和学习的人，把对他好的人视作敌人，而被心机更深的人当枪使，最后还感谢人家。

这种人在情感上不相信任何人，他也不会对任何人诚实。

与善良之人交恶，与有价值的人为敌，无心无德，怎能有好运气环绕身边呢？

我曾经有一段时间练习太极拳，我在练习太极拳这套功夫时悟出一个道理——以柔克刚。一个人可以用温柔的力量来应对外界的各种干扰，任何来自外界的误解、侮辱等，都可以被轻松化解掉。

没有人能伤害你，除非你愿意被伤害。

如果我们都能悟出这个道理，我们就可以逐渐变得强大，成为一个能量很高的人。

立于天地间，不争即是争，以不变应万变。

♡

一个人只要内心足够强大，很多时候是不会过多在意无关紧要的人和事的。

在现实中，很多时候，我们人生中的难正来自我们身边最亲近的人，那些带有血缘关系的人。

也恰恰是这些有血缘牵绊的人，才伤害我们更深。

因为他们足够地了解你，却又不希望你过于耀眼，所以要拼了命地把你拽下来，拉到和他们同样的位置，甚至拉到不如他们的位置，直到把你踩在脚下，让你在某个集体中失去话语权，他们才满意。

但是如果你因此就过不下去，时刻感觉到在夹缝中求生存，甚至抱怨父母为何不帮自己争取所谓的"一席之地"，那就错了。

我们为人子女对父母最大的孝顺，就是让他们做自己，而不是因为自己受到了别人的攻击，就要求他们该如何来替我们出气。

那些痛苦不是他们造成的，替你出气也不是他们的义务，而恰恰是父亲、母亲用自己一生最大的爱陪伴着我们，支持着我们，让我们成为自己想要成为的人。

守护好父母内心的纯净和安宁，才是我们更应该做的事。

之所以认为有血缘牵绊的人才伤害我们更深，是因为明明是从小一起长大，都是从纯良的成长环境中走出去的人，长大后却因为人生观、价值观的不同而形同陌路，由曾经的美好走向面目全非。

我们不能真的被打压下去而一蹶不振，我们要韬光养晦，默默努力，让自己变得强大。人如果做了不好的事还活得心安理得，甚至萌生害人之心，那么最后一定不会有好结局。

真正聪明的做法也不是在变强之后处处不饶人，而是让自己越来越好，这才是对伤害我们的人最好的"报复"。

知世故而不世故，历圆滑而不圆滑。

也有人举止言行不一，说着好听的话，却做着伤人的事。

我们不能去惹事，但也不要怕事。要拥有敢于时刻与突如其来的恶抗衡的勇气。

生活是有规律的，你善待别人，别人也才会善待你。

不要激发别人心中的恶，不要主动与人结怨，不要在别人心中埋下仇恨的种子，否则后果不堪设想。

电影《悲伤逆流成河》里，一再被校园施暴的女主临死前说："你们所有人都活得心安理得，你没经历过，在光明里的人即使面对黑暗也会想到光明；而被推进黑暗拼死挣扎的人，即使有一天光明到来，也会永远记得黑暗里的痛。"

最近一部热播剧《狂飙》中的一段经典台词："如果围剿敌人，你有制胜的把握，也一定要留一个缺口让他逃跑，否则他会做困兽之争；如果敌人已经到了绝境，那么你一定要适可而止，否则他会拼死挣扎。"

那些所有出路都被堵死的日子里，其实你都在以另一种无声的方式拼命反抗；那些尊严和自信被反复践踏的日子中，其实你都在为曙光的到来而蓄势待发。

你以为的岁月静好，是有人在替你负重前行！

无人为你撑起艰难的时刻，才是真正成长的开始。

♡

真正的自由往往是从改变我们自己的心念开始的。

不钻牛角尖，当你的心念开始改变时，你会发现整个人的容貌就变了，气运也变了，吸引来的人和事自然也就不同了。

每个人的性格不同、品行不同，行为自然不同。

所以我们没有必要在受到排挤、遭受攻击时，就立刻和对方硬碰硬。更加不必一蹶不振，甚至怀疑自己，你该做的是把注意力放在自己身上，专注自己的人生，你不需要让过多的人参与进来，你要掌控自己人生的主场，要想尽一切办法提高自己，让自己变得更优秀、更美好。

没有人会无缘无故地走向成功，更没有什么横空出世，大多是背后不为人知的心酸努力和独自咬牙挨过的日日夜夜。

如果没有苦难的经历，哪来这五味杂陈的人生？

我们不必对自己遭受的委屈郁郁寡欢，我们只需要感谢那个从来不肯向生活低头的自己。

如果我们都能够做到不把自己承受的辛苦当成一件逢人便要提起的大事，那么我们生命的重量就会越来越厚重，抗压能力也会越来越强。

某知名主持人在一次访谈中说:"很多时候加在你身上的迫害,当时你以为是倒霉,但也许最后你成了艺术品,靠的就是你曾经经受的别人无法想象的磨难,把你雕琢成了今日的形状。"

谁没有一段晦涩难挨的时光呢?尤其是那些打碎牙往肚子里咽的日子,只有自己知道究竟经历了什么。

但我们就因此不好好地过下去了吗?还是我们也要同样变成一副虚伪的模样?

敢于吃亏的人,终究吃不了亏;

机关算尽的人,终归占不到便宜,赢了微利,却可能栽大跟头。

你说它们都是芝麻一样大的小事,捡起来不就好了嘛。
可是,满地都是芝麻呀,足以使我捡到崩溃。

最愚蠢的事，
是做感情里的第三个人

无论你如何着急想开启一段恋爱关系，都不要插足一个已婚的人的生活。
你要时刻记住，你永远值得一个男人对你完整的、专一的、全部的爱。

♡

我的一位来访者小茹女士讲述了一段发生在她身上的事。

小茹和她老公去年结了婚，但因老公常年在外跑业务，两人异地，有时一个月都很难见上一面，渐渐地双方之间没有了共同的话题，通电话也只是尬聊几句后匆匆挂断，才结婚不到一年，婚姻就摇摇欲坠，眼看着就要名存实亡。

有一次小茹主动跑到老公在外地的分公司，想着许久不见给他一个惊喜，也想借此机会重新拉近一下双方的距离。却不承想自己推开门看到的一幕，是自己的老公衣衫不整，旁边还躺着一个陌生女性，那一刻对小茹来说犹如晴天霹雳一般，原来老公心思早已不在她身上了。

后来小茹说，老公解释和那个女人只是肉体关系，并且保证以后不会再联系，希望能给他一个机会改过自新。

小茹念及夫妻之情，一时心软就原谅了他。可是，不到一个月，那女人想尽办法找到她老公，最后更是找到小茹的联系方式，大放厥词，说她才是真正懂小茹老公的人，小茹老公真正爱的人是她。

♡

从进入情感自媒体平台以来，我接触过大大小小的婚恋咨询案例，但总结下来，最愚蠢的行为就是和已婚男人谈恋爱。

后来那女人对小茹夫妇又哭又闹，死活不放手，想要拆散他们的婚姻，但终究没有得逞。

小茹同意我将这个案例写进本书里，希望可以帮助到一些正处于情感边缘的朋友看清现状，什么该做什么不该做，也希望一些正在犯错或有错误念头的人能够醒悟，不要一错再错下去，最后损失惨重。

插足别人的婚姻是极其愚蠢和不理智的行为。

男人对原配和家里的孩子肩负着更多的责任，是不会轻易选择和第三者修成正果的。

他们大多只是图婚外情的刺激和新鲜感，不会轻易说离就离。

可能有些人会说，那如果第三者转正成功了呢？

男人出轨只有零次和无数次，当初只是想享受婚外情的风花雪月，不需要和外面的人考虑柴米油盐的问题，但如果真的走到一起，少了地下情的刺激，同样要面对家庭琐事，同样要围着孩子、车子、房子打转，甚至男人会觉得第三者很多地方做得还不如原配，那反而更加不顺心。

第三者也会逐渐发现，原本那个浪漫有趣的男人，原来也有一身难以忍受的臭毛病。这样的心理落差导致感情终究不牢固，第三者此时的婚姻是建立在对另一个人伤害的基础上，男人对前妻甚至孩子都造成了不可逆转的伤害，带着内疚自责与第三者生活，第三者也未必会过得如想象般顺风顺水。

两个人本来就是搞婚外情走在一起的，即使在一起生活，对彼此的信任度也十分匮乏，男人晚归，女人就胡思乱想："他会不会又在外面乱搞？会不会也像当初抛妻弃子一样再抛弃我？"

长此以往，两个人都会存在不同程度的焦虑和痛苦，而充满猜忌、不信任的婚姻，终究过不好。

感情从来不是游戏，玩火就一定会烧身。

♡

　　有的第三者是冲着对方的钱去的，想傍上一个比自己有钱的男人，可以少奋斗几年，但结局是钱没捞到多少，却损失了大把不可挽回的青春。

　　而有钱又出轨成性的男人永远喜欢更加年轻漂亮的姑娘，等他在你身上消耗够了，你的年纪大了，你在他眼里就开始变得味同嚼蜡，不会有什么好下场。

　　有的人喜欢向对方宣誓，自己绝不是贪图钱财之人，是真心爱对方才心甘情愿做第三者。

　　男人既然能搞婚外情，就证明他不是一个专一的人，这样的人是无情的。他和原配至少还有许多财产、家庭关系上的利益捆绑，而他和你呢？你们什么都没有，你的下场不会比原配好半分。

　　即便他口头上承诺会一直爱你，但那些不过是哄你留在他身边的谎言而已，也只有你会傻傻地听他的话。等他和你的激情消散后，便会头也不回地离你而去。

　　最后你什么都没得到，空空如也。

　　永远不要做感情里的第三个人，因为那本身就是一场豪赌，更是自降身价的行为。不论别人如何给你洗脑，你都不要轻易上钩。无论你如何着急想开启一段恋爱关系，都不要插足一个已婚的人的生活，记住，你永远值得一个男人对你完整的、专一的和全部的爱！

Chapter 5

爱人先爱己，
真爱永不失联

爱情可有可无，没钱真的不行

去靠自己变美变有钱吧，好好利用青春里的时间，
别让它们白白流走，一去不复返。
少一些功利主义的追求，多一些长久的坚持。
自立自信的女孩又飒又美。

♡

靠山山会倒，靠水水会流，行走于世间，唯有靠自己过上想要的生活才是最可靠的，也是最能为自己赢得尊严的。

经济独立这件事，其实和结不结婚没什么关系。无论你现在处于什么状态，单身、恋爱还是已婚，想要有底气地生活，想要受人尊重，除了精神独立，更要有经济独立的能力。

挣自己能力范围内的钱，而不是这山望着那山高，看着别人的东西自己也想要，实则实力不足，脑子里都是不劳而获的盘算和异想天开的美梦。

经济上如果不能独立，在感情中就很容易被对方轻松拿捏，甚至对方做了背叛自己的事，却没有敢于离开对方的勇气。

自立自信的人总能又飒又美。

也有人认为，嫁得好不就行了吗，或者傍上大款就一劳永逸了，还可以理所当然地坐享其成。

伸手要来的永远没有自己披荆斩棘挣得的稳定长久，德不配位更容易使人产生焦虑和对未知的诸多恐惧。

越是德行、能力与获取的财富、地位不匹配，就越是不停地想向外界宣示和证明自己的地位和身份。但是，这并不会使内心真正感受到安稳，真正内心安稳的人是无需逢人便大肆显摆的，他们都在悄无声息中过着自己的小日子，拥有属于自己的富足和平静。

人生这条路，说到底其实就是三个字：靠自己。

靠自己的人内心才最安稳，因为时时刻刻都能拥有一个可靠的、值得信赖的自己。

让自己的经历越来越丰富，让头脑保持清醒和稳步前进的状态吧！真正去做一个事业和感情中的强者，因为这样的人不论面临人生中的任何高光或低谷，都能把自己照顾得很好，把手里的事情处理妥当。

♡

在一次节目中，一位知名演员提到"青年精神"。其实，青年精神就是一种坚持学习的精神，想要人生有长足的进步，就要时刻坚信，学习是一辈子的事。

我写这本书的时候二十七岁。今年我创建公司，也对未来的事业版图做了更多的规划和思考。

做公司也好，做其他事情也好，做任何事都是一个自我学习与反思总结的过程。也许有人觉得我在小打小闹，也有人根本不相信我，甚至嘲讽一个出身平凡的女孩能做出什么惊天动地的大事来。你不要管别人怎么说怎么看，你应该多去学习别人做得好的部分，舍弃那些不好的部分，取其精华，弃其糟粕。你要坚信你自己，不恃才傲物也绝不卑躬屈膝。在任何事情面前，我们都应当以全力以赴的态度认真对待，那么结果自然不会太差，生活不会亏待每一个不遗余力向上攀登的人！

以前我在衡水二中念书时，面对高考这一次人生中的重大考试，周围的每一个人都怀着拼死的精神与时间赛跑，把握住一切可以把握的时间，只为那最后的一搏。

只有认真对待，你才有可能在最后脱颖而出，考取理想的大学，实现自己的梦想。

即便后来你没有考到一个令自己满意的分数，但日积月累形成的行为习惯和强大执行力，也将使自己终身受益。

以前我们学习的多是书本上的知识，后来是经受社会的打磨和历练，再后来是应对事业上的发展和壮大。

只要你肯努力，就没有什么东西是学不会的，没什么事情是真的做不到的。

人与人之间最大的区别，不是外貌、才华、财富，而是思维、认知和格局。

当你不断内省自己，而不是要求别人时，你就能逐渐站得更高、看得更远，想问题的角度就会更加全面，从而使自己不断进步。

♡

在某群聊信息中，我时不时会刷到一些与我们年纪相仿的人，整日围坐在一起不是吃喝玩乐就是家长里短，更喜欢盘算着如何在某些关系里赚取蝇头小利，热衷于在虚无缥缈的关系中满足自己，占据所谓一时的"上风"。

每次看到这些貌似悠闲、对生活毫无追求的画面，我都很无语。这个世界上，有无数人在靠自己的双手努力工作，即使饱含心酸，不被别人理解。

每一个努力生活的人都更加值得敬佩！

在这世上，每个人都很不容易，不必逢人就言说自己的辛苦。努力生活的人没有多余的时间告诉别人自己到底有多用心，更不会去浪费时间对别人评头论足。

不要把时间消耗在无所事事上。
少一些功利主义，多一些长久的坚持。
不要随波逐流，要做自己该做的事。

我喜欢逆流而上的人生，我喜欢不惜一切代价去把今日变得比昨日更好，我喜欢靠自己的双手为自己赢得更多的机会和好运，多让自己长一些真本事，等到年终回头看时，希望自己有新的变化，工作有更大的成绩，当然也希望自己的经济条件越来越好。

或许此刻我们正在披荆斩棘，但这些困境也使得我们更加认清自己，认清自己将要去向哪里，下一步应该怎么做。
忍辱才能负重，成长就是无数次把哭声调成静音的过程，夜晚终会结束，曙光终会来临。

想要真正实现精神独立，也是需要物质独立做基础的。没有物质基础的精神独立，是很压抑的。
兜里有钱真的很重要，否则也是步履维艰。

当你越来越好的时候，你会发现变美、变优秀的前提条件并不是你喜欢的人也喜欢上你。

　　但你的精致和优秀可以让你很自信地站在你喜欢的人面前，你内心会斩钉截铁地浮现出五个字——我配得上他！

　　我在苏州的第一个住所，是一套精装Loft(二层阁楼)。虽然我更加喜欢大面积和高层视野的住宅，但在这个小房间里居住也别具韵味。

　　你选的家就是你想要过的生活的样子，仪式感和精致就悄无声息地藏在你对房间的要求和布置之中，奋斗的日子里也别忘记让自己活得高级一点。

　　挣钱和变美、变精致，相比于在寂寞中苦苦找寻一个人来爱自己，哪个更有意义？

如果爱情迟到，
至少先让自己快乐起来

快乐是能感染周围其他人的，是能帮助我们驱散心头的阴霾的，
是可以为我们带来好运的。
希望我们都能拥有让自己快乐和豁达的能力，
希望我们都能够成为一个拥有特别特别多快乐的人。

♡

"当我真正开始爱自己，我才认识到，所有的痛苦和情感的折磨，都只是提醒我：活着，不要违背自己的本心。今天我明白了，这叫作'真实'。

"……

"当我真正开始爱自己，我不再渴求不同的人生，我知道任何发生在我身边的事情，都是对我成长的邀请。今天我明白了，这叫作'成熟'。

"当我真正开始爱自己，我才明白，我其实一直都在正确的时间，正确的地方，发生的一切都恰如其分，由此我得以平静。今天我明白了，

这叫作'自信'。

"当我真正地开始爱自己，我不再牺牲自己的自由时间，不再去勾画什么宏伟的明天，今天我只做有趣和快乐的事，做自己热爱、让心欢喜的事，用我的方式、我的韵律……"

这是世界喜剧大师卓别林在他 70 岁生日那天给自己写的诗歌——《当我真正开始爱自己》里的话。

当我第一次看到这首诗歌时，我的感触颇深，这是一位老人在 70 岁生日时对自己一生的总结，是看透了人生百态后的删繁就简，更是在多变的人生面前仍坚守心底的纯良和自爱。

今天我想把这首诗歌分享给你们。

今天我们只做令自己满心快乐的事，今天的我们可以活得简单纯粹一点，今天要如何度过，自己说了算。

♡

我们可以好好静下心来问自己一个问题：你真的做到足够爱自己了吗？

或者说你真的做到把自己放在一个无比珍贵的位置上了吗？

我希望每个人都真的能够想清楚这个问题。

我们每天都在面对社会的浮躁，奔波于大城市的年轻人压力更是与日俱增，我们每天都要面对和处理大大小小的事情，忙碌之际我们需要沉下心来好好面对自己，审视我们的内心。

所以也有人说:"白天是为了生活,夜晚才是活着。"

我所表达的爱自己是一种我们对待任何事情的态度,是一种对自己的高级保护,是在不伤害别人的前提下把自己的想法和感受放到第一位的勇气,是一种不害怕失去对方的果敢和决心。对于不重视自己的人不必去巴结,对于瞧不起自己的人不必去仰望。

在一件事情里,别人可能不在意你的感受,但你自己不能不在意。如果你不注重自己的感受,就等于默许了别人可以随意轻视你,那就别怪别人瞧不起你!

不管别人是否在意我们,我们都一定要足够地珍爱自己!

分手时,许多许多的悲伤向我们猛烈袭来,让我们措手不及。而这时我们恰恰忘记了,分手也许很难过,但日子终究还要过下去,无论如何,都不能让自己长久处在不良情绪中,甚至无法自拔。

你要学会给自己寻找新的快乐,要给别人留下元气满满、豁达乐观的印象,而不是别人在想起你时总是脑海中浮现出一副沮丧颓废的模样。

你自己快乐,也才能源源不断地吸引同样充满快乐的人。

♡

此刻我正坐在烟雨江南的一家咖啡店里,用最舒服的姿势靠在屋子里的沙发椅上,看小楼窗外大片的梧桐树和叶子缝隙间星星点点错落的白墙青瓦。

我喜欢能寻找新的快乐的自己，我喜欢勇敢向命运发起挑战的自己，我喜欢不会被任何人和事轻易打倒的自己。

我不要做谁手中进退不得的棋子，也不要因为谁的出现和离开就轻易改变我的心情，我永远属于我自己，我完全自由。

我不需要生命中所有人的喜欢，也不在意外界的肯定与否定。

我庆幸自己不是一个左右逢源的人，我爱着我生命中那些柔软和有棱角的部分；我也庆幸自己不是一个被所有人喜欢的人，如果再给我一次机会，我还要成为我自己。

我希望我们永远都可以拥有自产快乐的能力，而不是根据别人对我们的评判，才会快乐或者不快乐。如果我们的心情总随着外界的变化而被轻易地改变，那我们的心情此刻也正被别人牵着鼻子走。

你要学会与自己友善相处，善良而不失锋芒。

在不伤害别人的前提下，如果你可以让自己拥有一份美好的心情，其实在不知不觉中你就已经赢得了人生中的许多部分。

好的心情是能够帮助你成就更好的事情的，是能够为你带去激情和动力的，是能够帮助你更快找到和你一样志同道合的人生伙伴的。

我们并不需要所有人的认同和褒奖，我们需要的只是人生中同频共振的那一部分人的认同和赏识。也许是一个眼神、几句交谈，甚至是从未有过开场白，但却能够在人群中精确地识别彼此，这些才是属于我们生命中更加有意义的部分。

♡

  熟识我的人都知道,我是一个拥有特别多快乐的人,我可以随时给自己带来许许多多的正能量,也可以说这是我人生中独特和精彩的一部分。

  没有人不喜欢和一个快乐积极的人交往,少有人愿意和晦暗冷淡的人靠得太近。

  快乐很甜,像手中的棉花糖,让人爱不释手,逐渐上瘾。

  你要是问我,曾经有感到特别不快乐的时候吗?

  当然有。

  二十四岁那年夏天,是我迄今为止度过的一段特别难挨的时光,也是从那时起,我告诉自己,你再也不要显露出一副如此忧郁难过的样子了。

  那时我和前任分手。

  和他见的最后一面是在深圳时代城大地影院,那天我的心情糟糕透了,我总有一种马上要和他分手的感觉。在电影院里,我哭了,他望着我,我们不再有过多的交流,也不再有最初一起看电影时那样的快乐。

  我没想过那是我们此生最后一次的四目相对,最后一次两个人再靠得那么近。电影散场后他背着大包急匆匆就要离开,他对我讲,有什么事等他回来再说,我有预感他应该又要急忙赶飞机飞离这座城市。

  那天是 7 月 18 号,我始终没有忘记。

后来我慢慢发现，其实他像一个很好哄的孩子，如果那天我没有那么难过，不那么真实地把自己的全部情绪摊开在他面前，和他岔个话题，融化掉之前的所有不愉快，或许我们还能再往前走一段很长很长的路。

所以在此之后，除了我的亲人，他几乎是最后一个见过我负面情绪的人。

我不擅长伪装快乐，再假装出一副若无其事的样子，但此后我学会了在任何境遇里都能帮助自己注入积极的情绪，不论遇到什么样的痛苦，我都能用达观的心态审视当下的处境，帮助自己尽快走出来，不要让任何事情影响自己美好的心情。

始终不离不弃能帮你的人，从来都只有你自己。

你得自己把自己从难过的地方拉出来，你才能真正学会强大。

你得让自己的快乐在人生中逐渐多起来，才不会碰到任何一件原本微不足道的事情时，心情就产生巨大的波动，给自己增添原本许多不必要的烦恼。

希望我们都能拥有让自己快乐和豁达的能力，快乐是能够感染周围其他人的，是可以帮助我们驱散人生阴霾的，是能为我们带来无穷好运的。

强大的人时时刻刻都能帮助自己解决看似棘手的人生难题，强大的人永远有办法和自己愉悦、友好地相处下去，处变不惊，快乐美好。

2020年12月31日，从深圳飞往上海和朋友跨年相聚，在徐家汇打卡一家西餐厅。柠檬香茅烤鸡和椰奶奇亚籽谷物不只颜值好，入口也是意外的惊喜。

被土澳早餐拼盘的足量食材和巨型黑胡椒肠吓退，但喜欢把边上爱吃的奶油一口一口地瓜分掉，吃饱才发现猪肉丝牛油果塔克看起来也不错，以后再点。

别因为不值得的事情就丧失了对美好生活的信心，别因为失恋就失去自我，变得郁郁寡欢和不快乐。

这个世界精彩纷呈的事物还有很多，美食、摩天轮、碎花裙子、抓娃娃机、凌晨绚烂的烟花、黄昏的海岸线和篝火……

生而有翼是好牌，匍匐前行是姿态

如果你生而有翼，请把天赋发挥到淋漓尽致；
如果你普通平凡，努力就是绝地反击最好的代名词。
自己选择的路，就别怕荆棘丛生；
既然选择了远方，便只顾风雨兼程。

♡

有人生而有翼，却浑浑噩噩；有人普通平凡，却通过努力逐渐拥有想要的人生。

如果你生而有翼，那么请务必好好珍惜。

如果你觉得自己普通平凡，也不要过分看低自己，做自己想要成为的那个人，永远都不晚。

如果你想要做一件大事，那就不要什么行动都没开始就四处奔走相告，你要先稳扎稳打暗自下功夫，等到事情快做成了再讲出来。

事以秘成，言以泄败。

太过张扬不见得是好事。

生而有翼是好牌，匍匐前行是姿态。

"匍匐前行"不是对别人过多地忍让，更不是看低自己，而是学会韬光养晦，让自己活得轻松、快乐一些，不让自己生气，不让自己陷入别人的认知框架中，不把自己想做的所有事情都一五一十地全部讲出来，也不做一个爱说大话、骄傲自满的人。

能够认清自己的能力，敢于接受自己也是一个普通人的事实，然后努力奔向前方。

乌鸦的世界里，天鹅本身就有错。

你要学会收敛锋芒，你要暗自下功夫，不要急于炫耀当下那一丁点的成绩。当你比别人只高出一点时，嫉妒和看不惯你的人会想尽办法地把你拽下来，当你比别人高出许多后，他们无法再抓住你，只剩下无奈和仰望。

如果你能承受委屈，耐得住寂寞，韬光养晦，那么你终将新生，以新的姿态出现，甚至一鸣惊人。

♡

一个人的这些年，我走过不少地方，即使许多时候看似孤单，但我的心里总能被许多事情填得满满的，我向往着热腾腾的生活。

在我走过的许多地方中，最怀念的还是南京。光是独自旅行我就去了好几次，尤其是玄武湖的午后，总是别有一番韵味。

那时我耳机里总是循环播放着，
"如果明天的路你不知道该往哪儿走……"

九月的南京城，被慢时光浸染。

在南京独居的那段日子里，几乎每天我都是下午一点左右出门。在我固有的认知中，这个时间点大部分城市都应该有刺眼的阳光，而南京城的正午出乎意料，暖阳取代烈日，让我想起上小学时，放学后在奶奶家门前跳皮筋的情景：

大片暖阳透过茂密的梧桐树洒落在道旁，我穿着妈妈给我买的娃娃领白衬衫，胸前戴着红领巾，在树与树之间撑着皮筋边跳边唱："小皮球，香蕉梨，马兰开花二十一……"

记得当时还有一个特别喜欢我的男孩子骑着二八自行车在周围晃悠，我不理他，他也不敢靠得太近。

在南京城生活，还有一点好处，就是即使在高楼林立的格子间工作，但若感到疲惫，周末便可以到古城的酒吧听吉他手唱歌,在玄武湖边静坐，关上手机就拥有了整个世界……

还记得刚到南京的那个下午，我拿着单反相机和微云台就兴致勃勃地出了门。我喜欢在古镇买各式各样的特色小吃，喜欢这样令人喜出望外的傍晚，累了就去河边的青石板上休息。

我喜欢这样慢悠悠走在古城的白墙青瓦间，喜欢坐在铺满邮票的古着店窗前，看着和我一样的行人在窗外若有所思地缓缓经过……

我喜欢我住的那家旅馆，独间的落地窗，窗外就是林阴道，不论是晴天还是雨天，永远惬意盎然。

这是在大城市高层建筑群中找不到的自然景色，有别于大江大河的波澜壮阔，是一份独有的小清新情调。

耳机里放着喜欢的歌，像极了曾经的某段时光，也像喜欢做着相同事情的某个人。如果回忆足够美好，过往的细碎片段是会变成一种想念和陪伴。

我喜欢两个人的嘻嘻哈哈，也喜欢一个人的自由自在。我喜欢永远对生活保持敬畏和谦卑的态度，我特别不认同因为虚荣心得到了一丁点满足就变得耀武扬威和洋洋得意起来。

天生我材必有用，千金散尽还复来。

♡

我在夫子庙买了一把谭木匠梳子，和店里的女老板聊了一会儿。她说她是南京人，问我是来旅游的吗？我思索了一下，回了她一句：是的。如果时机合适，我也可以选择来这里生活。

她说这里的人很好，很热情，要是定居在南京的话也很不错。我微笑着回应："嗯，以后再看吧。"

时间会指引我们到最合适的地方，包括遇见一个对的人，现在，似乎一切还不是时候。

如果你也遇到了一些难事，情绪一时间难以消化，找不到合适的对策和解决办法，那不如说走就走，去开启一场美好的旅行吧！旅行虽然无法使那些难过的事情消失，却可以让你因此而改变自己。

重整旗鼓，重新来过。

你有没有遇到过这样一种人，他们特别喜欢在自己固有的认知中逞能，还试图把你也拉进他们的认知中，让你看看他多有"本事"，用自己给自己勾画的"胜利"方式打压你，还要逼着你认同他，对他拍手叫好才算满意。

一个真正有格局和包容之心的人，不仅能认可自己、相信自己，更能看到别人身上的优点，甚至是那些所谓"敌人"身上的优点。有的人喜欢给自己画地为牢，认为自己所拥有的都是最好的，车子、房子、安居在大都市。好像有了这些就轻而易举证明了自己的成功，事实上往往是人的内心越缺什么就越要展示什么，真正富有的人反而更低调地生活。

因为德不配位，所以挤破了头也要和别人一较高下；因为认知有限，所以把自己框在看似比别人更聪明的"小聪明"之中。

殊不知，只要别人不认同你这种狭隘的认知，不进入你这种毫无意义的框架，根本不在意你在哪儿，你是谁，那你损失的就只有自己的精力和更多的机遇。是你自己被这种攀比欲和虚荣心蒙蔽了许多年，更耽误了许多年。

如果我们不改变自己对待事物的一些偏见，就很难有真正意义上的进步和蜕变。

千万不要把自己陷在一种你特别看重，但实则对自身发展没有多大帮助的想法之中，否则你就会被这些想法所累。

♡

有时，与其说怀念一座城市，不如说是怀念一段旧日时光，怀念当时那个勇敢的自己和所经历过的一切。

今天的我，依然向往朝气蓬勃的人生，纵使被生活抽筋扒皮，几度走到崩溃的边缘，但我依然拥有破茧成蝶的勇气和"生活虐我千百遍，我待生活如初恋"的胆量。

先去播种，别问得失。

要想有新的希望出土发芽，就要先人一步，先往前走一走，看一看。

我们在人世间前行，会遇到无数困难，有的人是来让你吸取经验教训的，他的恶催着你长大；也有的人是来等你的，他想等一个明媚的午后接你回家。

有时我也很羡慕那些有亲兄弟和亲姐妹的人,你可以随时和他们分享生活中的大事、小事。失恋了可以向他们倾诉,能时时刻刻守望相助,也能在对方生活艰难时及时帮上一把。我们这一代许多都是独生子女,心事只能自己承受。虽然遇到困难时爸爸、妈妈也是坚实的依靠,但很多心事无法和长辈们分享,大多时候得自己慢慢消化。

细细数来,人的一生不过三万多天。好想把余生的每一天都过得不尽相同,去寻找世界不同角落里的光与影,看看那里的人正过着怎样一种我们不了解的人生。

即使你我孤孤单单,为了生计为了未来,为了某种想要实现的人生理想,依然能在偶尔一地鸡毛的生活中,眼里有光。

老门东的一家明信片商店，
来往的游客把写好的明信片挂在墙上或者寄给远方的人。
我坐在窗边挑选卡片，时而抬头望向窗外的行人，时而看午后阳光洒落在白墙青瓦间。
过滤掉城市钢筋水泥的浮躁，等黄昏降临摇曳飘动的思绪，踯躅在这一片宁谧之中。
哪怕只是发一小会儿呆，内心便也觉得满足，
即使形单影只，心里却清楚地知道，这一刻也叫作幸福。

苦难的背后，皆是礼物

当一个人心中有着更高的山峰想要去攀登，就不会那么在意脚下的泥沼。
生活原本沉闷，但跑起来就会有风。

也许正是曾经那个难以释怀的错误，难以忘却的伤疤，才成就了今日更正确的你。
福兮祸之所倚，祸兮福之所伏。
这个世界上没有人能真正将你打倒，除了你自己。

♡

2019 年对于我来说是特别值得记录的一年，这一年我完成了研究生学业，又一个人闯到在我人生中意义非凡的城市——深圳，这一年还是我的本命年，我遇见了我迄今为止很爱很爱的人，又经历了分开，这一年命运让我猝不及防，也丝毫没对我手下留情。

分手就像挨打，当撞击猛烈向你突袭时，即使四下无人你手无寸铁，也必须立马接招，必须见招拆招，至少保证自己不会粉身碎骨，伤得惨烈。

当然，我是一个从不会因为人生里的难就唉声叹气，坐在一边抱怨的人。我一直相信:"所有失去的,终会以另一种方式回来。"

或许有的人觉得这句话里夹杂着几分鸡汤成分,但这治愈的文字更是被无数名人、企业家宣讲过,每一个人都经历过失去,都曾在得失间波澜起伏,也许正是当时的意难平,才成就了今天更加光彩的你。

因为分手,那一年我爱上了文字,开始做自媒体平台,书写自己的情感领悟,也开始做相关的情感咨询工作。那时的我也未曾想过有一天因为前男友的出现,自己竟真的成了一名作家,也成为帮许多人解答成长困惑的情感导师和倾听者。

如果不是那年他的离开,我不会想着去厦门吸猫,去看看马六甲的海滩和红房子,去遇见一些更有意思的人和事。

当你用更为乐观的心态面对所发生的事情时,你会发现,痛苦的背后皆是礼物。

祸兮福之所倚,福兮祸之所伏。

♡

"生活原本沉闷,但跑起来就会有风。"

这句话是一个我关注了很久的旅行博主发布的一条短视频里的文字。她在视频里说:"最接近天堂的地方,一定有热烈的阳光,成群吃草的牛羊,落单的马,和野蛮生长的一切事物。那是香格里拉,曾经也是我去过的最接近天堂的地方,骑马途经纳帕海的最深处,还能看到这样一片牧场，太阳落在湖面上闪着细碎的光……"

村上春树在《海边的卡夫卡》里说："暴风雨结束后，你不会记得自己是怎样活过来的，你甚至不能确定暴风雨是否真的结束了，但可以确定的是，当你穿越过了暴风雨，你早已不再是原来的那个人。当我们经历人生中的至暗时刻，那段时间里，没有人会知道我们不动声色的背后，隐藏了多少悲伤与软弱。或许成年人的世界真的是一汪苦海，但当你一个人熬过了所有的苦，再回首会发现那些当时咽下的眼泪，早已化成了一身铠甲。"

人的精力极其有限，你目光所及的地方就是你发展的方向，不要被无关紧要的事情纠缠。喝酒买醉、和朋友通宵玩乐并不能把令人难过的事情掩埋，真正的清醒和放下，是低谷时期悟出的成熟，是在没人扶的日子里自己学会坚强。

人在深渊里看到的每一个人都是救赎，但救赎又往往是下一个深渊的开始。唯有自己一点一点从深渊里爬出来，才能够真正变得强大。

每一个独自从低谷里爬出来的人，都会长出异于常人的羽翼；一个独自从深渊里爬出来的人，遇到任何事都不会被轻易击倒。人生中那些不值得的人和事，就像风中的一粒尘埃，轻飘飘不会留下一丝痕迹。

别把自己的经历和遭遇视为一件特别糟糕的事情，允许自己有困惑，允许自己做错了，找到背后的动机，下次一定不要在同一个地方跌倒。

身不苦则福禄不厚，心不苦则智慧不长。

大彻大悟的人，也都曾经有过不为人知的无药可救。

当你享受独来独往，眼神变得越发坚定，做事坚决果断，一心只想着提升自己时，你就知道，那个身披金甲的你，重新活过来了。

♡

当你心中有更高的山峰想去攀登，就不会那么在意脚下的泥沼。
你才有可能用最为平静的方式，消化一般人难以承受的苦难。

在得知我这几年不错的近况后，有一个可以称之为旧友的人有一天突然对我恶语相向，他作为已婚男性，曾对我发出超出普通朋友之外的暧昧信号，但是我从未有过回应，之后他就盘算着如何报复我对他的漠然。

我是那种异性缘一直很好的女生，也从未有男生对我说过不堪入耳的言语，所以在那时我听到他说的一些话时，有一些难过，但更多的是对人性的失望。我们经常看到这样的新闻，很多年轻鲜活的生命因网暴最终与世长辞，那些说出的话犹如泼出的水，换位思考谁又愿意承受这些恶言恶语呢？

前段时间新闻报道某网红因网暴去世，央视网发文："无论你在经历人生的何种处境，请避免将负面情绪发泄到陌生人身上，用好'说话的权利'。须知，舌上有龙泉，杀人不见血！"

夸奖的话可以脱口而出，诋毁的话三思而后行！

那天傍晚我沿着家门口京杭运河的绿化带散步，面对此前突如其来的恶意，低落的情绪并没有完全消散。就在这时，我在跑道上见一个男子跪在地上，起初我只是从他旁边经过，但走了十米后我又停了下来，我回过头走到他身旁，看见他身前的牌子上写着：

"孩子生了很严重的病在医院，现在家人东凑西凑医药费但是还不够，急需要一些钱款，希望有好心的人能给予帮助。"

那一刻我没多想，当即对着他牌子上的二维码转了一百元，虽然钱不多，但我真的希望能够给到他一些帮助，哪怕只是微薄的一丁点的帮助也好。都说男儿膝下有黄金，是什么能让一个大男人跪在路旁？如果不是生活所迫，走到无路可走的境地，谁又愿意做出这般选择呢？

可能有人会觉得，万一他是骗子呢？现在这世道哪里说得好是真是假？

不论他是真是假，那一刻我是真心实意的，这便足够了。很多事情，你觉得它是真的便是真的，你若觉得它是假的，它便真的成了假的。

在我正要抱怨为什么我要承受一些很严重的伤害时，我想到了这样一句话：

"不要抱怨老天的不公，不要害怕身边无人帮你，当你感到无助和难过的时候，你就多去帮助别人，你去乐善好施、积德行善，当你不停地帮助别人时，那个真正帮你的人就出现了。"

当你的人生已经走到了谷底，再往哪走都是在向上走！

♡

　　今天我所取得的一切成绩是一个普通姑娘靠自己双手打拼出来的，是一个普通人在逆袭之路上摸爬滚打的结果，是一个平凡的姑娘凭借超乎寻常的毅力和忍耐继续前行的故事。在这个世界上，除了自己，没有人能够真正把你打倒，你要告诉自己，永远都不要放弃成为想要成为的人。

　　我是一个比较理性的人，理性带给我的好处就是在发生任何事情时，我能够迅速跳过情绪化的过程，理智客观地分析和看待一件事，那么人生中许多不值一提的事情很快就能翻篇。有些事其实根本不该成为你人生中一件特别重大的事，更不应该浪费时间为此过多停留，为之郁郁寡欢。

　　不要抱怨为何总是遇到错的人，你要相信自己一定会在对的时间、对的地点遇见对的人。每个人的出现都能教会你些什么，他们使你变得更好，所有的苦难都是为了成就一个崭新的你。
　　也许正是曾经那个快熬不过去的坎，才把你雕琢成今日更加美好的形状。

　　希望我们都能怀有这样的胸怀——这个世界我来过，我在自己的人生里奋斗过，我不后悔，我不那么在意结局。
　　无路可走就是路，天无绝人之路。

迟到的阳光不必拯救枯萎的向日葵。

在深渊里静静待一会儿，
然后自己爬出来

没有谁能真正救赎谁，黑暗里的任何一道光，都曾短暂照亮心口空缺的地方。人在深渊时，伸出的每一双手都像救赎，而救赎往往也是下一个深渊的开始。

别总指望着别人拯救你，最好的办法是：
自己拯救自己，自己为自己的人生找出口和方向。
重整旗鼓，重新开始。

♡

想来想去，我还是想写写他，虽然我和他匆匆相识又匆匆别过，虽然很久以后我选择把他从我的世界里彻底删除。

他，1.86米，处女座，见到他的第一眼我就很喜欢。
我喜欢他那温温柔柔坐在人群中的样子。

我特别不喜欢在感情里过于强势和武断的人，更接受不了不尊重女性的人。和这样的人相处总是难以做到真正意义上的平等对话和交流，大男子主义的人在感情中更加不会彼此欣赏和彼此成就。

而我之所以喜欢他,是因为我能清楚地感受到,他绝不是一个要事事说了算,永远以自己感受为先的人。

尽管后来他的样貌在我的脑海中逐渐模糊不清,只留下一个高大的身影,还有我们一起吃过的烤肉和江边吹过的晚风。

我们刚认识那会儿他也蛮积极热情的,他会在生活里关照一些与我有关的小细节,似乎也在期待着什么发生。

即使后来我知道他并没有那么美好,他也有很坏的一面,但我还是喜欢了他很长一段时间。

$\heartsuit$

先说说是怎么认识他的吧。

在一次聚会上,他是我人生中第一个主动要了微信的人。

他在人群中身子板正地坐着,偶尔和左右人互动聊天,我和他大概隔了两三个人的距离,我心里暗想,这下也该让我这个"茶艺大师"小试牛刀了吧。

说试就试!适当地主动才会给自己创造更多的机会,不是吗?喜欢的时候就去找他,靠近他,女孩子的主动不等于掉价,喜欢就要让对方知道,倘若对方也喜欢你的话岂不皆大欢喜?倘若不喜欢也没关系,至少自己不会在犹豫和暗自揣测中消耗掉更多的时间和精力。

人少的时候，我开始准备接近他了，我坐到了他旁边的位置，开始和他有一搭没一搭地聊起来。他的回应也很热情，看到我后时不时把脸转向另一侧的镜子跟前，变得更加注意起形象来。

　　那天我从聚会的人群中把他叫出来喝奶茶，之后他说一起吃晚饭，我们又一起吃了好吃的日式烤肉，吹了黄浦江畔的夏日晚风。

　　那晚的风很温柔，和他一样。

　　初相识的时候我们总能把对方想象得无比美好，因为彼此还不够了解，不清楚彼此的过往，还没有不愉快的事情发生，也不知道对方究竟是怎样的一个人。

　　等真正了解对方了，才知道对方现在正处于一种怎样的情感状态里，才能更理智地分辨该不该和对方产生更多交集，该不该再试一试，再往前走一走。

　　人生若只如初见。
　　如果人生永远停留在初见时的美好，那该有多好！

♡

　　我和他最后的结局当然是没有在一起。

　　他那会儿，正陷在一段复杂的感情关系中，也是他主动跟我讲的，让我明白如果我们在一起的话一点也不合适。

他让我看了那个女生的照片,说真的看到照片时我内心是蛮轻松的,那时我信心满满,觉得一定能成为他更加重要的人,而使我感到压力倍增的是他的故事。

那个女生是和他熟识很久的朋友,应该是年少时从同一个地方走出来的。女生人在武汉,也有男朋友,听他说那段时间她和她男朋友经常吵架,之后就来上海找他,主动投怀送抱。

他呢?来者不拒。

他和她什么都发生了,他自己还陷了进去,陷在那无名无分的关系中无法自拔。

那个女生来找他只是将他作为一时的情感慰藉,并没想着真的要和他在一起,她最终还是回到了自己的男朋友身边。

而他做了感情里的第三者,在错误的感情里找不到出路,把自己堵死在爱情的深渊。

他跟我说到这些的时候,作为刚认识的朋友,我还是可以感受到他对她的那种微妙的心态,夹杂着一种爱而不得的恼恨,也把自己置于一种得到了又好像没有完全得到的心痛难耐之中。

那时他像一个在深渊里时刻等待着被救赎的人,等着下一个出场的人拉他一把,所以在遇见我之后,顺理成章把我当成那个能救赎他的人,等着我主动给他新的光明和希望。

♡

人在深渊里,每一双伸出的手都像是救赎,但救赎往往也是下一个深渊的开始。

那时,他深深地把我视作生命里新的希望,时刻等待着我带他从感情的伤心地逃离。

而他缺少在感情中最起码的原则和底线,明知对方有男朋友,却没有摆出自己应有的态度,表明自己同样需要尊重,需要一份完整的感情,而不是什么情况都能胡乱接牌,以至于最后被人抛下,暗自伤怀。

所以后来我不打算和他再有联系了。而当我这束他期盼已久的光消失后,他不仅没有心生感激,反而心怀怨恨,怨恨我没有带他出来,让他期望落空,又一个人在深渊里进退不得。

这也是后来我和他相处并不愉快的原因。

人在深渊中,最好的办法就是在里面先静静躺一会儿,然后自己再一点一点爬出来,而不是抓着任何一只手紧握不放,觉得自己可以被完全拯救。

事实上,谁都无法彻底救赎谁,即使看似我把他从无边的黑暗中拉了出来,如果他不知道自己的问题出在哪里,还是会走入下一个更加黑暗无边的深渊。

后来我离开了上海，我没有告诉他，尽管后来我们还有过联系。

再后来，他等不到我了。他也始终没从深渊中勇敢地走出来。

无论我帮不帮他，我们之间都回不到最初纯粹自然的那种状态，即使在一起，他也不是那个对的人。

所以最后我选择了把他从我的世界里彻底清空。

当我再写下这段记忆时，回想起来已经是一年前的事情了。人在难熬的日子里，指望谁都不如指望自己，只有自己才能真正带领自己走出那段特别黑暗的旅程，你只有自己大胆地走出来，才能迎来一段全新的岁月，才能真正破茧重生。

人在深渊，最能指望的是自己。

享受挫败，总结痛苦，改变自己。

错的人何须重逢，而对的人却迟迟未见。

Chapter 6

不忘初心，
风雨兼程

我有一轮孤单心事，今夜长明

孤独，是不仅要独自面对和独立消化人生里的难，
连身边突如其来的喜悦，一时间也无人分享。
但是，相比和不合适的人捆绑在一起，在无效社交中彼此消耗，
"孤独"二字就显得并不薄弱，反而格外有力量。

人生就是这样，有的人无话可说，有的话无人可说。
每个人都只有一扇心房，把最真的感情、最纯粹的心事，留给最懂得自己的人。

♡

如果你问我最想要做的工作是什么？
以前我会说，我想做自己的事业，实现自己的人生理想。
如今，我还是一个专门写文字的人，并且这个习惯一直坚持了很多年。

在做公司之前，我就开始写关于情感、成长、认知提升方面的文字了。我乐于把产出的干货真真实实地分享给有需要的人，我希望我的文字丰

满而实用,不仅可以给你解决当下困惑的钥匙,还能治愈你,也治愈我自己。

我的文字是我亲身经历的真实感悟,是我和读者们面对面最真诚的情感流露,也是生活体验给予我人生场里最有用的反馈。

也有人说我的文字令人感到踏实、有温度、充满力量。

我想把那些生命中偶然遇到的可爱的人写进去,也写进去那些在我生命中扮演"黑天使"角色的人,记录人生,更警醒自己。

以前有人问我:

"你为什么不选择一个小一点的城市,找一份相对稳定的工作?女孩子嘛,早一点安稳也能早一点嫁人,或者依靠高学历找一份相对舒适体面的工作岂不更好?"

以前我也想过,要不要选择一种所谓的稳定,用这样的方式给自己今后的人生套一个看似安全的"金钟罩"。但是,选择怎样的生活方式并无对错,只有适合与不适合。如果选择不适合自己的方式生活,也许并不一定就快乐。

相比安稳,我更加喜欢创业这条路,虽然在这条路上我时常形单影只,但我始终坚信在未来某个时刻一定会遇到一个志同道合、强强联合的人生伴侣;虽然这条路对于女性来说更加艰辛,也永远想象不到明天又会经历些什么让人头疼的事情,但我总能把它们都当作人生的一次重要考试,正是它们不停地考验着我的心智、抗压能力和情绪稳定程度。

这个社会对女性的包容程度远没有男性大，如果一位男性成为老板、企业家，那似乎是一件再正常不过的事了，并且大家都会认为这个男人事业有成，优秀，成功。而到了女性想创业、冲出重围时，在商场上遇见格局小的男老板会认为你在争夺所谓的一席之地，不如你的人会带有偏见和莫名的恶意攻击你，甚至同性间的嫉妒也更加明显。在当今倡导精神、经济独立，男女平等、平权的时代，还有个别女性不认可自己也同样可以成为领导者，甚至更无法理解女性成为老板、企业家本是件再正常不过的事情。怀有这种偏见的想法本身就是对自己性别的不尊重。连自己都不尊重和认可自己的性别，更谈何男性的认可与不认可。谁不是从无到有的呢？每一个人都可以更优秀，每一个人都可以成为自己最想要成为的样子，只要你肯努力，不在自己的世界里自甘堕落。用某知名成功女企业家的一句话来说："这个社会对女性的宽容度本来就不高，所以女性更加要爱惜自己的羽毛。"

当你的内心足够强大，不把自己看得过分渺小，永远相信自己，认清楚自己，你就能够随时生出离开舒适区的勇气；当你把自己当成最大的靠山，经历过无数次对人性的失望，又心死道生，就不怕离开了任何一份工作活不下去，你才有可能创造出一个又一个奇迹。

今年我闺蜜结婚了，我既替她开心又不舍。

今年我被韩国中央大学博士研究生录取了，但我最终选择了放弃读博开始创业。

今年我又一次远走他乡，独自拖着行囊重新踏上新的征程。

今年我在苏州过得很安心，并且打算一直定居在这里。

今年我又遇到了形形色色的人，见识了各种人心的善与恶。

今年我遇到了特别特别坏的人，我曾被那些不堪入耳的言语和恶意重重地打倒过，但幸好百折不挠，我选择了比之前更坚强。

今年我在培养人才上吃过亏，亲手给别人做了嫁衣裳。

今年，我遇到得了便宜还卖乖的人，见识了你不帮他实现他的人生理想，他就恶语相向的假好人。

今年我好像总在江湖里吃亏，但好像吃了许多亏后，最终自己也并未真的失去些什么，反而觉得有些许痴傻的自己竟还多了一丝可爱。

很多人不相信吃亏是福，但在我自己身上，我真真实实地感受到——后知后觉的钝感力和不求回报的付出真的能为你带去意想不到的福泽，也许眼下你还看不到，但所有曾经使你备感痛苦的，在未来一定会以一种更好的方式偿还给你。

今年，有许多人张望着我的生活，虽然这时常令我感到不自在，但我爱这样优秀、自信、永远充满价值的自己。

今年我各方面的实力都更强了，生活中的十八般武艺没有一样能难得倒我。

今年我在历练中比以往成长了许多。此前想都未想过的难题接踵而至，但每一个艰难时刻我都咬紧牙关挨过去了，迎刃而解或者顺其自然。

总之，今年确实很难，但，我给今年的自己打一百分。

这个世界看似总是老实人吃亏，因为不懂得油腔滑调那一套，因为喜欢有话直说，因为不善于拐弯抹角，因为永远热爱真诚，所以吃棱角分明的亏，吃实心眼的亏，吃后知后觉的亏。

但看似吃亏，实则并不一定就真的吃亏。

这个世界看似精明人"吃"老实人，老实人斗不过精明人，但老实人就都因此失去活路了吗？不是，往往这样的人，具有强大的内心和高贵的品质，具有纯洁的心灵，而真诚永远是获得机遇的必要条件。

所以，你还会懊恼做事情时总要不过一个心眼儿多或者特别善妒的人吗？

如果人生再重来一百次、一万次，相信我们也不愿意成为那样的人，因为那种人不仅是自卑的，更是可悲的。

♡

之前有人问我，关于放弃读博，放弃进高校成为一名大学老师这件事，我会不会后悔？

我的回答一直都是：我不后悔！

并非那样的生活不好，相反，成为一名大学教师能收获一份更安稳体面的工作，但是各人有各人的活法，那并不是最适合我的轨道，也不属于我的人生。虽然读研期间我的语言和专业成绩都不错，继续读博困难并不大，但我更加想按照自己的意愿过今后的人生。

后来，我开始创建公司，做自己的品牌，甚至我想创造更大的社会价值，生出更加宏伟的目标。这一年来，许多事情的发展总是几经曲折，吃了很多苦，也受了不少委屈，但我总想着尽力把要做的事一步一个脚印地落实与发展，井井有条，秩序分明，创造出一片属于自己的天地。

　　除了你们熟识的雪柔，我还有一个昵称——"柔爷"。一开始是朋友对我的称呼，后来我也越来越觉得这个名字带劲儿！有一种"柔中带刚，刚柔并济"的味道。

　　后来，我以自己的名字为灵感创立了品牌，如果你想了解更多关于我的品牌的故事，你也可以在其他地方重新认识不同角色和身份的我，我都将无比热烈地欢迎每一个爱我的人！

♡

　　如果生活按下暂停键，我想回到我生长的城市，在我经常骑行的胡同小道上走一走，每一个不同的人生阶段我总会到那儿溜达几圈，每次的心境都不一样。

　　那里也时刻提醒着我：不忘初心，方得始终！

　　有时候，我们好像被凌乱的生活逼成哑巴，任何烦心事最后只能选择在心里默默消化，后来才明白原来这就是叫作"孤单"的东西。

　　"那你是什么时刻感觉自己的人生走到谷底了？"这是我在网络平台看到一位自媒体博主反问自己的一句话。她的回答是：

"在自己最艰难、没有积蓄的日子里,带着妈妈从一座城市换到另一座城市,有一天在出租房里突然看到一只硕大的老鼠,那一瞬间,情绪就突然崩溃了,瘫坐在地上忍不住大哭起来。"

让人崩溃的不是老鼠,而是那种要压垮人的无望。

看了她的回答后,我不禁想起,那些走到人生谷底的至暗时刻是怎样一种无助和难过,只有自己知道。

是所有不愉快的事情一同袭来。

是被最亲、最了解自己的那些人捅刀子、使绊子。

是工作中人际关系的复杂程度远远超出工作本身。

是还没有从失恋的阴影中走出来。

是孤身一人在深圳,身边没有至亲好友,下班到家除了空荡荡的房子,找不到一丁点温度和欢声笑语,

是宁愿独处也不愿意应付更加令人心累的无效社交。

是所有事情一起涌来时,一只硕大的蟑螂突然在合租屋内飞向你,在房间里上蹿下跳,你抓不住它还得跟它共处一室,那一刻,情绪就再也绷不住了。

我永远无法忘记有一天晚上,我再也找不到多余的力气支撑自己的身体,躺在冰冷的地板上,忍不住放声哭了起来。

也是在那一刻,身体里每一处积攒的负面情绪终于得以释放。

不是因为蟑螂,不是因为一个人就不能好好地生活和好好地吃饭,更不是因为不值得的人和事,而是所有事情的总和,是所有让人心寒和

失望情绪的叠加，更是对人性失望后的"没关系"和"算了吧"。

但你又能怎样？你对别人讲你的难，别人只会说这是你自己的选择，甚至指出你的问题。

在我们倍感到艰难和绝望时，想得到的不过只是我们在意的人的一点点理解和陪伴。

世界上从来没有真正的感同身受，不要把自己最难过的事情逢人就讲述，不然你得到的很可能只是他们的一句——"你矫情什么，那是你自己的选择。"事情没有发生在自己身上，谁都无法真正体会自尊心被一遍遍踩躏的心酸刺痛，可如果同样的事发生在他们身上，他们也许比我们更"矫情"。

"那你就去恋爱呗，恋爱了或许就不那么孤单了。"

有的人孤单了就恋爱，也有的人对恋爱有"洁癖"，找不到那个对的人，宁可单身。

太多快餐式的爱情，新鲜感过了，有的人便头也不回地离开。他们来的时候携风带雨避无可避，走的时候留下你一个人久病成疾。

随着年龄的增长，我们慢慢不再像年少时那样天真地认为，只要恋爱就能摆脱生活里的绝大多数苦难。如果遇人不淑，对方根本没有想与你共同承担起生活的打算，那么你会摔得更惨。

比起和糟心的人糟心地过，一个人反而清闲自在。

生活已经很难了，如果那个人的出现不能为你减少人生里的苦难，反而增加无尽的烦恼，想必没有人愿意接受这样的恋爱。

♡

一个人行走，习惯了走走停停的生活，更习惯了感受别人的万家灯火。

那时的我好羡慕同事的午饭就是妈妈前一天包好的饺子，羡慕表姐下班后微信里就有消息，家里留了饭只等她下班回家。

这种感受，只有孤身在外的人才体会得最为真切。现在还有更加专业的词汇，把我们这样孤身在外漂泊的年轻人称为——"空巢青年"。

一个人为了一个梦想，选择了一条闯荡的路，很多时候就必须适应一个人的状态，承担自己照顾自己的全部，从身体到心灵。

孤单，是不仅要独自消化人生里的各种繁杂情绪，就连身边突如其来的喜悦，一时间也无人分享。

但，相比于这样的孤单，更令人感到孤单的，是和不合适的人相互内耗。

人生就是这般，有的话无人可说，有的人无话可说。

把最真的感情，留给最懂得自己的人！

有的人错过了就是错过了，也许本就是一场短暂的相遇，是不属于自己的人。

我们的一生，都在寻找一个人，寻找那个不需要瞻前顾后，坚定地向我们走来的人。

在途中，我们经历着一种叫作孤单的东西，为了那个人的出现，我们无畏雨雪风霜，视孤独为良师益友。

而那个人何时会出现？他现在又在哪儿？

似乎一切还没有答案。

有的人很幸运，很快就找到了，有的人却一路颠颠簸簸，要找好久好久，最终才能遇到。但不论你我在人海中终究要浮沉多久，相信最终都会抵达幸福的彼岸。

你要相信你自己，也要相信那个正在马不停蹄向你赶来的人。

♡

那些在生命中偶然相遇的人，或许我们也曾想过要不要试着当真，可人与人之间的缘分有时难以言说，微妙的暧昧分明存在过，但只要大家谁都不再提起就会轻易地走散。

就像歌里唱的那样："暧昧让人受尽委屈，找不到相爱的证据。"

也许是还不够喜欢，也许双方都曾有过好感，但都没有到非他不可的地步。

宁可孤独，更愿意错过。

很多时候，我们已经和许多人见完了此生的最后一面，只是当时你并不清楚原来那一次见面就是永别，而再见，就是下辈子的事情了。

有的离别有征兆可循，有的在悄无声息里默默完成。

不敢和错的人分道扬镳，对的人又怎能快一点走进自己的生命里得以相逢？人与人之间的缘分有的可以很长，有的就只停留在最初相识的那一刻。

如果聚散由不得你我决定，那么，对于在生命中短暂停留又匆匆逝去的缘分，不如洒脱一点儿释怀，重新回到彼此的世界。

这一年夏天，因为工作计划我曾去过一座陌生的沿海城市，甚至后来想过要不要在那里生活上一段时间。

缘分是个很奇妙的东西，会指引你跋山涉水去遇到他，等到要你跟他说再见时也丝毫不会留情。

即使后来那个人在你的世界里越来越模糊，远去的身影只聚焦成一个圆点，但你还是会记得——记得一些美好的际遇，记得那个帮你整理过鞋带却也只是短暂相识的人，记得那个小心翼翼和在意过你感受的人，记得那个也使你的心悸动过的男孩和与他相处时特别有意思的一天。

时间会告诉我们该何去何从，举棋不定时，千万不要为了一个模棱两可的人，一段还没有开场白的关系，就轻易地奔赴。

如果一个人足够热烈地喜欢你，足够坚定地认定彼此，那么他会先主动向你走来。即使你们不在同一座城市，他也会愿意做先奔向你的那个人，而不是要你纠结为了谁该去向哪里。

如果他想和你在一起，他就会千方百计地找到你。

如果那个人没有出现，那就证明你在他的世界里可有可无，你并不是他唯一的选择。

我们都在找那个人，那个会为了我们坚定走来的人。

爱情也许会迟到，但一定不会缺席。

如果那个人迟迟未曾遇见，那就让我们在还未相遇的岁月中，各自丰饶，各自期待。该来的总会来，晚一点或许是上天更好的安排。

我有一轮孤单心事，今夜长明。

孤单是凝结在房间里的空气，是半夜耳边的蚊子声，
是一个人戴着耳机路过热闹的街头，
是手机迟迟没有弹出的消息框，是每个艰难时刻自己用力抱住自己。
孤单是那个说要爱你很久很久的人却在大雨中夺走了你的伞，
是夜里一个人看海，听海会不会也哭出声音。
是夜幕降临走出地铁站，看万家灯火早已亮起，
却还是没找到属于自己的那一盏灯，
是一个人的孤军奋战、两个人的默不作声和无话可说。

葡萄柚绿其实一点也不好喝

我们总是对不完全属于自己的东西念念不忘，
又习惯于对已经占有了的东西不再好好珍惜。
得不到的是夜空中的明月，殊不知明月照进现实也可能只是衣服上的一粒米饭；
昔日远走的恋人化为心口的红朱砂，
可如若那人回来，最后也很可能变成墙上的一抹蚊子血。

♡

周末忙里偷闲，和朋友外出游玩两天。

途经古城边上的一家奶茶店时，大家说口渴了，于是我们一行人停下来，准备一人点上一杯奶茶再继续游逛。

每次点这家连锁店里的奶茶，我几乎从不看饮品单，会直接点上一杯最爱喝的波霸奶茶。

两年了，这个爱好从来没有变过。

说不清楚是在怀念什么，或许是一段感情，又或许是一个人。

曾经那个人的喜好不知不觉中也变成了自己的喜好，之后就再没有改变过。

我几乎没尝过他们家其他口味的奶茶，也不知道到底好不好喝。

大家说着互相尝尝对方手中的奶茶吧！原本我没什么兴趣，只见朋友直接把她手里的那杯递了过来，让我尝尝看。我象征性地抿了一小口，不喝不知道，她这杯的味道可真是不错呀！

于是我记下了这杯奶茶的名字，葡萄柚绿。我想着下次也要买一杯，可得好好喝个尽兴才行，瞬间自己手里的奶茶就不香了。

过了不到一天的时间，我便又兴致勃勃地跑到奶茶店，专门点了一份大杯的葡萄柚绿。一样的糖分，一样的口感，一样的温度，我怀着无比激动的心情，想着今天终于能畅饮它了！

但令我没想到的是，当我正打算喝个尽兴时，却发现它似乎没有昨天的那杯好喝了，甚至味道和口感都变得很一般。

每次我来这家奶茶店都会点一杯波霸奶茶，而今天手里拿的却不是自己最熟悉的那杯，心里还有点空落落的。

而这杯葡萄柚绿和昨天喝的味道好像相同，又好像不同。

♡

昨天的葡萄柚绿属于别人的，我只是浅尝一下，尝到一点甜头后便觉得很新鲜，在它好喝的基础上又增加了自己的无限回味，还有一丝记挂和没有完全得到的冲动。

是那时的浅尝辄止，使我对朋友手里的奶茶产生了强烈的好感，怎么看都觉得别人的好，而自己的奶茶味道虽然熟悉，却失去了新鲜的味觉体验。

波霸奶茶是自己最喜欢的味道，但经常喝同一个款式也使得它的味道开始变得普通、平常。

是这些虚无缥缈的想法和心底里的记挂使我对葡萄柚绿产生了无穷的惦念，直到今天非要买上一整杯喝个痛快不可。而自己完全得到它后，虽然它的味道依旧独特，但和昨天的感受又不尽相同。

因为我不再只是浅尝辄止，而是可以尽兴地把它全部喝完。

很多时候，我们总是对不完全属于自己的东西念念不忘，又习惯于对已经拥有的东西不再好好珍惜。只有当你真正失去它的时候，你才会明白它的珍贵，甚至许多时候失去了都不知道何为珍贵，便又稀里糊涂、匆匆忙忙地开启下一场轮回，循环往复。

♡

人会对一件没有完全得到的物品产生想要占有的强烈冲动，那要是对一个本来就不属于自己的人呢？

很多时候我们和伴侣相处，总能找出对方身上的一大堆缺点，鸡蛋里面挑骨头，日久天长认为彼此过于熟识，就没必要再去好好经营感情了。

或者总觉得别人的伴侣更好，放大别人的优点，来和自己另一半的缺点做比较。

更有的人在感情里肆意游走，缺少付出和耐心，吵架后冷战，丝毫没想过主动解决问题。

对拥有了的人不愿意再花时间和精力好好维护。

人生总有许许多多的不甘心、得不到和大大小小数不尽的遗憾。倘若我们终日纠结其中，事事要完全按照自己的意愿来，那便是对爱我们的人极大的不负责任，更是对自己的选择的否定，我们的内心会更加不安宁。

巷子里的猫没有归宿但无拘无束、自由自在，庭院里的狗有归宿却也失去自由。

得不到的都是夜空中的明月，殊不知明月照进现实也可能只是衣服上的一粒米饭；昔日远走的恋人成为心口的红朱砂，可如若那人回来，最后也很可能变成墙上的一抹蚊子血。

♡

人只有在真正失去一件东西时，才有可能醒悟当时拥有的有多珍贵。

为什么我要用"有可能"来修饰，正是因为有的人失去了都不知何为珍贵。

对感情的领悟从不该是以数量取胜,应该是一种面对感情破败后的不逃避,找到其症结所在,给自己一个空白期去反思和升华。

没错失过一件心爱的宝物,又怎能真正懂得遗憾的意义?
我们为何不能在彼此拥有时倾其所有珍惜对方,而非要等到彻底找不回来了,再去体会曾经的那份美好呢?

"如果没有遇见你,我将会是在哪里?日子过得怎么样,人生是否要珍惜?"
"如果当时的我们能不那么倔强,现在也不那么遗憾。"

总是活在过去里的人,辜负眼前人,也是对现任的极大不公。
你总是频频回头,不珍惜当下,那么就容易一直陷在恶性循环里,难以找到真正的幸福。
真正的幸福是在目之所及的世界让周围人感受到你积极的能量,也不辜负了自己想要成为的样子。

希望我们都能在拥有时倾尽所有爱的力量,而不是等到失去了再追悔莫及。
也许是那天买了那杯奶茶的缘故,使我突然联想到这个道理。

人总是看不到手边拥有的东西,而失去后才知道珍惜。
失望积攒多了,很多东西便再也无处找寻。

奶茶杯杯都不错，但在感情面前，我们绝不可以做一个朝秦暮楚的人，也不要做一个在爱里肆意妄为和失去边界的人。

今后我想我不会再点那杯葡萄柚绿了，在我看来，它的味道也很一般，甚至远没有我的波霸奶茶好喝。

点了两年的波霸奶茶，虽然我再熟悉不过它的味道，但每一次我都觉得，它的味道都不相同。

你在茫茫人海中向我走来，又匆匆消失。
后来才懂得，见与不见又作何分别？
纵使时光逆转，你我还是会用当时的心念做出相同的选择，
我们都太倔强，那时的我们都不懂得温柔的意义。

鼓浪屿晚八点的海滩，忘记了是失恋后的第几天，
我，独自生活。

我有一位特别棒的妈妈，
我要用一生守护她

母爱如春风，在每一个孤独的时刻，温暖着我的脸颊。
母爱是山间清泉，滋养每一方土地，利万物而不争。
母亲的爱是这世间最伟大的感情，我愿意为之一生付出和报答。
我有一个平凡且伟大的妈妈，很幸运此生我能拥有她。

♡

如果你问我在生命中最看重的是什么，或许你以为我会说：功成名就、实现我的梦想、成为更优秀的人……

其实都不是，尽管我一再跟大家讲关于钱、关于变美、关于提升认知和丰富自己的重要性，但在我的生命中最重要的从来就不是这些，最重要的永远是我的至亲之人，我的爸爸，我的妈妈。

如果你是一棵树，那么爸爸、妈妈就是你的根。在爸爸、妈妈的养护下，你才能长成参天大树。

我生长在北方的一座小城,我的爸爸、妈妈都是平凡且伟大的教育工作者,热爱和投身于教育事业,培养了一代又一代莘莘学子。

　　我从小就对爸爸、妈妈的职业感到特别骄傲,虽然我们家没有那么多傲人的财富,我也不是集万千宠爱于一身的千金小姐,但我生长在书香门第,从小就学习待人接物要谦卑有礼、立人立德、以诚相待这些道理,而这些道理对于一个人在成长过程中树立良好的价值观至关重要。如果一棵树的根不正,就容易长歪长斜,原生家庭直接影响了一个人能走多远、看多远、拥有多大的抱负和格局,而这些都源于一个家庭中父母给予的所有眼界和力量。

　　如果你的原生家庭氛围比较好,那么你应该心怀感激,你的父母已经在他们的认知范围内给了你最好的思想和教育,帮助你开阔眼界、指点迷津;如果你的原生家庭氛围不太好,甚至让你很受伤,你也不应该对自己的父母心怀怨恨,因为他们和我们一样也只是普通人,只是在某些事情上和我们的想法不同,没有按照我们想要的方式来爱我们,但不代表他们就真的不爱我们,或者说一点都不在乎我们。

　　我的家人都特别善良,不善于琢磨那些歪门邪道的事情,更不会整日想着如何算计别人。我从小就生活在这种干净纯良的环境里,虽然我有一身闯劲,立志不做温室里的花,但家人和朋友对我的爱一向分毫不减。

　　虽然走入社会后我们终究要上到许多原生家庭里上不到的课,但是原生家庭带给我们心底里的善,也是日后帮助我们走向成功的十分重要的因素。你要相信,这个世界永远邪不压正,成功的背后是做事,而做事的前提是先好好做人。

好好做人绝不是左右逢源、圆滑狡诈，真正高情商的人也不是看起来特别会为人处世。好好做人是以诚相待，是没有性别、年龄、身份的歧视，是切勿见人下菜碟，是对善意回以坦诚与尊重，不给别人的成功添麻烦，亦不会给自己的失败找理由。

没有良好教育的滋养，内心又缺乏善良和分辨是非的能力，没有正确的价值观导向，人就很容易走旁门左道，走偏走歪，更生出许多害人的心思，很庆幸我对自己的品德与性情可以引以为傲，我永远都要做一个正直善良的人！

♡

写这本书的初衷，除了对自己过往经历的总结，其实我也特别想写一写我的妈妈。我和妈妈之间的感情一直以来都分外深厚，妈妈对我的恩情，仅用文字的只言片语也总是无法透彻地表达，每当我真正开始提笔想要写一写她的时候，总觉得笔下的文字显得太过于单薄。

我的所有理想，我每一步的努力和成就，其实都是想特别报答母亲对我的养育之恩。别人在社交平台秀妈妈，而我可以把妈妈写进书里。别人的妈妈也许并不被这个世界熟知，但我要让全世界都知道——我有一位善良且伟大的妈妈。

我总是想让自己再优秀一点，希望能成为让她感到特别骄傲的人，我想让我的妈妈知道，她没有白白辛苦养育她的女儿，她的女儿就是她一生最伟大的作品，是她用了一生的爱培养的孩子，这个孩子也永远都不会让自己最爱的妈妈失望！

我的妈妈是我一生为之奋斗的动力源泉，这是一种亲情的力量，是母爱的力量，我爱她远胜于爱我自己！

我出生那天是 1995 年 2 月 13 日，是情人节前一天，也是那年的正月十四。所以我也常和朋友们说，我是为了情人节和元宵节而出生的，所以我不仅是情感作家，也是名副其实的吃货，哈哈哈哈。

妈妈生我的时候二十多岁，长相惊艳，即使现在又过去了二十几年，也经常有人会说我的妈妈样貌远比实际年龄小得多，也有人说妈妈的大眼睛双眼皮长得像混血儿，令人羡慕。

如果说我今日能成为作家，能够在事业上生出许多高远的理想和抱负来，其实这些都归功于妈妈对我的栽培。

三岁时，妈妈教我念唐诗，当时我就可以背诵出许许多多的唐诗宋词了；五岁半我就已经上小学一年级，妈妈见我手指灵活，还有良好的乐感，于是提议我学琴，我也特别喜欢乐器，一学就是近六年，在小学毕业时就拿下了业余最高级的证书。因为年纪小，小时候我也会犯懒，做事缺乏长性，周围练琴的小伙伴不乏坚持不下去就半途而废的。如果不是妈妈一次次风里雨里接送我学琴，悉心教导我做事情一定要有毅力，学会坚持，那么我现在就不会有随时能弹上两曲的成就。

因为唱歌也不错，妈妈还带我去尝试了更多的可能，之后我学过笛子、吉他，也无师自通了一些其他乐器。总之这些都成为我今后人生中引以为傲的事情，也是这些爱好使得我在与人交往中更受欢迎，也更加闪闪发光。

只要是对我成长有益，尤其是能令我终身受用的事情，爸爸、妈妈在金钱和精神上都会全力支持我。大学期间我申请了提前毕业和考研，那时我几乎是用三年时间修完四年的课程，在最后一年不仅要准备毕业设计，还要严格自律着手考研。考研前我特地从云南到北京学习专业课手绘，前前后后也花了不少钱，但幸好，这些努力最终总算没有白费，我也成功完成了跳级考取研究生，去年也被国外 QS 排名 200 内的两所知名美术院校博士研究生录取。

周杰伦《听妈妈的话》歌词写得特别贴切：

"长大后我开始明白，为什么我跑得比别人快，飞得比别人高，将来大家看的都是我画的漫画，大家唱的都是我写的歌。

妈妈的辛苦不让你看见，温暖的食谱在她心里面，有空就多握握她的手，把手牵着一起梦游。

听妈妈的话，别让她受伤。想快快长大，才能保护她。"

今日之所以我能在自己的人生场上小有成就，都源于我身后有一位温柔宽厚的母亲，是她在我身后一直默默地付出，只要我能过得好便别无所求，是她把全部的爱都给了我，没有她，就没有今天的我。

周杰伦用一首《听妈妈的话》让所有人都了解了自己的母亲，而我想用这本书让大家认识我的母亲，我有一位特别棒的母亲，我要用一生守护她。

我的妈妈心地特别善良，温柔上进，对待工作一丝不苟。
她一直是学校学生们的楷模和其他教师学习的榜样。

妈妈说："做事情一定要全力以赴，不要马虎糊弄过去，既然做了

就一定要一丝不苟地对待，在工作中找到自己的乐趣和成就感，没有热爱，就没有动力。随便应付了事，那谁来对学生负责呢，也是对自己的不负责任。"

这也使我今后在做任何事情时，永远保持动力十足、认真谦逊的态度，要么不做，既然做了就尽全力把事情做到最好，如果自己都不能对自己的人生负责，那就只能不停地往下坠落。

我和妈妈第一次长时间分开是在我高考复读那年，那年我去了全国很有名的"魔鬼"学校——衡水二中。回首看来，也很感谢那年的经历，让我拥有了一次与时间分秒必争、"视死如归"般拼搏进取的人生体验，是衡水二中精神的"赢在状态"，培养了我未来人生路上不屈不挠、行动力超强的潜质。

在衡水二中冲刺那年，我不得不离开家，此前我从来都没住过校。在衡中上学，为了备战高考，学校一个月只放一天假，回家第一次成了一件特别困难的事，要么是爸爸、妈妈来学校看我，要么是我匆匆坐长途车回到家中吃顿饭便又急忙返校。

那时的我还没有现在这么顽强的意志力和独立精神，那时我曾有过许许多多想家想到十分难捱的时刻。那时妈妈来衡中看我，我和妈妈在学校旁的旅馆床上躺着，我们都哭了，那是我和妈妈第一次人生中长时间分开。

上大学后，我们逐渐习惯和适应了分离的感受，我的大学是在四季如春的春城昆明度过的，毕业时爸爸、妈妈也来到了云南，我们还一起去了大理、丽江和许许多多其他美丽的地方。

♡

　　总觉得不知道要如何提笔写关于我和妈妈之间的感情，如何才能把我们之间最深、最真挚的情感写得更全面，因为这对于我来说在人生中太隆重和太重要，在我看来文字的力量此刻太过薄弱，总是无法淋漓尽致地表达完全。

　　今天的我，从社会角度来看，是作家，品牌创始人，是一家公司的年轻老板，但我更加引以为傲的身份，永远都是妈妈的女儿。其他所有身份的总和，都是因为我想让我的爸爸、妈妈引以为傲，不辜负他们这么多年对我的辛苦养育和栽培，我愿意用一生的努力奋斗来报答这份无私的爱，我想让所有人知道，今天的我之所以成了我，是因为我在这个世界上有一双特别棒的父母，是他们在我的身后永远支持和鼓励着我，才使我不畏困难，勇敢前行。

　　我年少时，是爸爸起早贪黑地接送，让女儿坚定自己的远大理想；是妈妈从小教我人生道理，让我懂得了珍惜时间的意义，不要等老了以后再追悔莫及。

　　是爸爸、妈妈无怨无悔付出，激励我长大后一定要成为一个有理想和价值的人，以回报他们无私的爱。

　　其实，爸爸、妈妈是我们人生中最值得敬爱的人，善待父母、孝敬父母永远是我们最应该做的事。尽孝要趁早，让父母永远都能够感受到来自子女的关心和爱，才是最重要的。

小时候，爸爸、妈妈就是我眼中最骄傲的偶像，长大后，我也希望自己可以成为最令他们满意和骄傲的孩子！

永远要做一个孝顺父母的人，永远别让他们感到失望和受伤！

你对我好的时候，
整个人都在闪闪发光

人生路上，那些曾经对我们用过心的人，总是会被特别记得，
即使后来没有走到一起，即使他们并不是最适合我们携手的伴侣。
也谢谢他们的喜爱，曾照亮过我们人生中的某些时刻，
在共同度过的那些时间里，其实，他们也在同样地发光发亮。

♡

因为和他只是朋友的缘故，所以在我们认识后的很长一段时间里，我都没想过把他写进我的书里，虽然那时我们之间也确确实实发生了一些事情。

他是我曾经在一份工作中认识的同事，在一起相处的那段时光，他总是对我很照顾，那时我们一起吃中午饭，晚上也经常一起下班。后来在我离职的时候，也是他陪着我一起吃好吃的。在我的印象中，他对我从来都是小心照料的，我想吃什么他就跟着吃什么。

甚至他比我自己还清楚,我哪天换了不同味道的香水,头上戴的是什么颜色的发卡。他好像还记得我的喜好,我最喜欢的鲜花,还有月亮。一起走在路上有车驶过的时候,他会大声提醒我靠边,而我总是不太在意这些。

他那时就知道我一直在筹划写书的事情,我的书名也曾在他和其他同事面前提过,他如果知道我出版了这本书,我猜他一定也会买来看看,但他如果读到这篇文章,他或许不会想到,我写的就是他。

而他也总是和我保持着刚刚好的距离,不会越界又不会太远。他说现在有风度的人不多了,但他好像把所有的风度都给了我。他会看着我的态度反馈,再考虑要怎么做。一个月,两个月,又好像已经过了一年,两年。

他称我是他的饭友,嗯,我想他的饭友一定很多。

♡

女孩子好像大多是很容易被感动的,如果对方外表也不错,那么心动的可能性更会大大增加。

一起工作时,他总说自己的异性缘很好。嗯,我看得出来,他是那种不缺乏女生主动示好和爱慕的类型,说直白点就是长相不错,至少这一点我是认同他的。

在相处的那段时间里,有时候我也会心动,但我大多时候在用理智压抑自己不该有的感情。

  因为只有长期的熟识，才知道彼此的性格适不适合做情侣，在一起会不会有更多的快乐。如果不合适就不要因为荷尔蒙的冲动盲目开始一段感情，特别是曾经在感情里明明白白吃过亏的女孩，那更加要把爱自己放在前面，免于有一天再次坠入深渊。

♡

  后来我从那家公司离职了，他也和别人在一起了，我和他从每天见面、吃我碗里我不喜欢吃的肥肉，变成几乎不再聊天的关系。我想这样也挺好的，我也算表达清楚了自己的想法，也就没再怎么去留意他的信息。

  如果说我和他的关系，那就是清清白白的朋友，只存在于彼此的好友列表中，大家也都过着今后各自的人生。

  都说男生和女生对于感情是思考方式完全不同的物种，男生更多的是体验"狩猎"的快感，是千方百计地得到；女生则是慎重地将自己的身心交付，是想安心度日，是想得一良人没有分离。

  但你说男生也会产生很深刻的感情吗？

  当然会，也有人会走进他们的心里，只是出场的顺序不同，如若对方心中早已被他人填满，那么你做再多的努力也是徒劳。

♡

其实我知道，他朋友圈里的女生不少，他不再对我好，也会对别人好。只是每次再想起他的时候，我也总会想到那句话：

"你对我好的时候，整个人都在闪闪发光。"

有时刷到他发的朋友圈，我也会被他逗笑，他还是个蛮有趣的男生。

或许是在之前感情里见了太多人性的凉薄，你永远想象不到一个自私的男人能心狠到什么程度，所以在之后我对待感情总是特别慎重。

如果此刻你也遇到了想对你好的人，希望你不要像当时的我那样，你可以认真审视一段关系，可以比我更洒脱一些。大胆去爱吧，只要你觉得你们会幸福，那就抛下瞻前顾后，别问归期，我们有且仅有这一生，爱得热烈一些又何妨？

有些相识虽然短暂，却也曾照亮过彼此。

也有的人，会因爱而不得恼羞成怒，于是生出诸多极端的行为，甚至千方百计地诋毁、谩骂对方，试图用这种方式来抚平自己脆弱的自尊和得不到的心有不甘。

真正的喜欢是不计较回报的，是更在意对方感受的，是不会因为对方给出令自己不满意的回馈便心生怨恨的。真正喜欢一个人，即使对方拒绝了，也不会因此记恨对方。真正的喜欢是一场心甘情愿的付出，而不是把希望全部寄托在对方身上，非要对方给自己一个满意的答案才行。

人与人之间的关系有很多种，并不一定要在一起才是最好的结局。有时候，做朋友比相爱更加牢靠，朋友永远都不会失去，甚至还能在人生的某些时刻给你良好的建议，给你奋进的力量。

而相爱需要合适的时间、合适的地点，需要两个人步调一致、频率一致。

如果一切都刚刚好发生了，那么很幸运，喜欢和合适撞到一起了。

去爱吧，大胆一点。你说，我们都会遇到那个人吗？

一定会的！

撷一朵时光的玫瑰，在明日里新生

时光如梭，以前总以为不变的是等待，是已泛黄的记忆，
后来沿着时间的轨道行进，
流年转换，甘苦自知，
恍然间，不变的只有想要去的地方和此刻的我们。

♡

傍晚 17 点 17 分，我坐在 26 层楼的窗边，看着窗外依旧忙碌的整座城市，车子排队驶过大桥，游船自南向北从未停歇……

突然一切都变得好安静，除了键盘敲字的声音，手机偶尔的提示音，我再也听不见其他任何声音。

我知道我迷路了，像林间鹿消失于光影里，像冷风中的我只穿了件单薄衣裳，像一个顽强的孩子怎么也找不到人生的归途。

我就这么呆坐着，看着二十七岁的夏天，从白天到黑夜，我不说话。

♡

我希望明天也是一个艳阳高照的晴天，因为每当这样的日子，我的

心情都会变得特别好。

我要永远做一个积极豁达的孩子，我不喜欢阴郁冰冷的样子，我希望接近我的人和事都能感受到无比快乐和美好。

♡

我和你的相遇何其惨烈，我本该知道。
错的人何需重逢？而对的人却迟迟未见。

有些人在我们的生命中也曾那么炽烈地喜欢过我们，后来却变成面目可憎的嘴脸。

我是鱼儿，只有七秒钟的记忆。
但七秒里，也曾有过片刻的欢愉，是与你。
然后我选择了把它们全部忘记。

我是一个好奇心重的孩子，你的世界，我来过了。

♡

也许此刻，你正是某个人的梦想，某人眼中最亮的星河，是不属于红尘的天外来物。

别放弃，你怎么忍心拒绝这世间的美好呢！

别因为错的人便失去了爱人的力气，再往前走一走，你还会遇到好多好多人，从陌生到熟悉，从没有羁绊到写尽一生缱绻。

我们还有许许多多精彩有趣的日子，和日子里那个爱着我们，也更加值得我们去爱的人。

♡

你要真正做一个骨子里自立自信的人，而不是随着外界变化，变得自满或者自卑。

真正的优秀是只和昨天的自己比较，而不是拿自己的长处和别人的短处相比，在别人身上寻找可怜的"优越感"。

真正的优秀是相信自己可以把事情做得更好，不怕失败；是即使被生活虐了千百遍，也依然坚信美好和纯良；是绝不会被任何困难羁绊住，敢于一次次向命运发起挑战。

一个凡事都想不断迭代到最佳状态的人，不会满足于过将就的人生。

当你专注于提升自己时，你会发现，你根本没功夫理会那些生命中无关紧要的人和事，没时间对偏见产生情绪波动，甚至对突如其来的恶都懒得花时间和精力计较。这个世界的本质是你一个人的世界，当你只专注于去做值得做的事情时，你就会明白别人口中的你是你也非你，当你知道如何与自己友好相处时，你便知道如何与他人和平共处。

任何时候，当我们感受到出现严重的负面情绪时，一定是当下的思维方式出了问题。在同一维度，试图解决问题，那么问题永远不会得以真正解决，只有跳出当下的思考方式，上升到一个更高的维度审视当下的问题，那么问题便很快不再是问题。

♡

我踏足过多个行业，到现在开始创业，我见过的人越来越多，经历的事情也更加丰富。

我今年 27 岁，但许多人觉得我的样子看起来比实际年龄小很多，也有人说，你还是那个既实在又单纯，很傻很天真，脸上写满稚气的模样啊。

或许我涉世仍然未深，但我见识过城府极深的人是怎样一副伪善面孔，并且从中我学会了喜怒不形于色和谨言慎行；或许我见识过的江湖险恶比同龄人多得多，但我一直都把生命中的那些黑色部分当作教训和先人一步的成长机会，它们并不足以使我沉沦，反而让我更加看清那种丑陋的伎俩多么拙劣，多么令人讨厌。

因为我不那么在意苦难本身，所以苦难就从来无法真正欺负到我。

因为我把人生中每一个大大小小的难题都当作一个成长的契机，所以它们最终都可以被我很好地利用，帮助我成长，使我更完整、更强大。

在人世间行走，我们总会遇到形形色色的人和事，但只要你拿出"什么都不怕"的决心，就没有人能成为你前行路上的敌人和绊脚石。只要你不遗余力地提升自己，抓住身边每一个可能的机会，先让自己成为一个被需要和充满价值的人，那么这个世界就会为你让路，甚至给你铺路。

即使历经沧桑，在崎岖的路上走了一遭又一遭，我们也应该永远对生命中纯粹真实的部分保留热爱，它们是我们身体里的天使，带领我们大胆地挣脱黑暗，引领我们走向更高、更远的地方，去看一看那里的风景。

永远不要忘记自己纯良干净的模样，那是一种见识了人心叵测、八面玲珑，看过、亲身经历了那些至痛的人生体验后，依然信自己、爱自己，永远认可自己的模样。

好姑娘万丈光芒。

♡

闲暇时，我喜欢在家门口随机乘上一辆公交车，选择一个靠窗的位置，视线也跟随车辆慢悠悠地前行。看窗外城市的景色变换，时不时望向街道旁若有所思的行人，思绪也跟着短暂放空。

我喜欢北上广深的深夜与清晨，拥挤的地铁里人来人往，写字楼的后半夜灯火通明，无数年轻人都在追逐着一道叫作"理想"的光。

我喜欢地铁口的老奶奶，不论寒冬里温度多低，她依然坚守在小推车旁，在天还未亮时就来到这里，让来来往往的上班族吃上热腾腾的煎饼果子和好吃不贵的肉夹馍。

我喜欢出租车司机主动帮我放好大包小包的行李，礼貌地聊上几句，然后平稳地带我驶向我想要去的地方。

我喜欢看校园塑胶跑道上正青春的少年们整齐划一跑步前进的样子,他们大喊口号"高考必胜",那股志在必得的精气神也曾是我们青春里最闪亮的模样。

在我们的人生中,其实还有许多我们不曾相识的人参与进来,也许我们并未发觉,但他们共同构成了我们平凡日子里的幸福和美好。

每个人都有各自的不易和不为人知的艰辛,每个人都在找寻属于自己的人生价值和存在的意义,每一个努力向上的人都是平凡世界里的英雄。

♡

时光啊,把美好的画面刻画得细致入微,却又猝不及防地撕掉人们的面具,让你看到所有人原本真实的模样。

有时说来也奇怪,情感博主在分析别人感情问题时总能说得头头是道、合情合理,比如你们问我谁和谁是什么情况,要怎么做?我能给你说上个把小时,让你透过现象看到本质。

可到了自己的事情上,就成了哑巴、呆子、木头人。

但只要别轻易动心,别冥顽不灵,最后变成失心疯,就都还好,都有药可救。

♡

哪一刻你觉得自己又重生了?

当我脑海中留下一句"我要快乐"的时候，我知道，我大概可以重头来过了。

不论此前正经历怎样的至暗时刻或者短暂颓废，我都告诉自己：
"请你别一直灰头土脸下去，允许自己难过，但要有一个时间期限，然后让事情过去。"
如果我们缺乏对远期事情的思考，就必定会有更多近期的忧愁。任何事情最艰难的时刻，我都会给自己一个积极信念，告诉自己咬牙挺住，一定要挨过去！

真正爱自己要做的第一件事儿，就是先让自己快乐起来。
记住，别让任何人轻易夺走你的快乐，它们是这个世界上属于你的最珍贵的东西。

人生中有许多片段再回首时总能历历在目，也有的片段后来变得不值一提。有的是对过去所有情感和历练的褒奖，有的像是岁月里的插曲和命运偶尔一开的玩笑。
希望我们都能在时光里不畏艰难、永葆初心，把开心的片段留下，让悲伤的部分散去。

在人生的锦囊中蕴含许许多多的智慧，但有一种智慧最简单，叫作别为难自己。
撷一朵时光的玫瑰，在明日里新生。

改变思维、提升认知的 30 条智慧锦囊

什么样的人情商高、会办事、会说话？
什么样的处事方式既让自己不累，又让对方感到舒适、如沐春风？
如何首先让自己活得不拧巴，然后才不折腾别人？
看完下面这些内容，希望你能找到属于你的答案。

1. 和任何人相处，请至少保持 20% 的神秘感，哪怕是你的亲人、伴侣。

2. 喜欢打肿脸充胖子的人往往没什么真本事，而眼神犀利，没有多余废话，但句句说在点子上的人往往是个狠角色。

3. 高手都懂得相互敬畏，小人才擅长处处比较。

4. 越是成功的人越懂得感恩，甚至是对那些心生误解的人也心怀感激。并非是感恩他人之恶，而是对自己生命里遇到的不同角色的接纳和宽容。

5. 真正有本事的人往往不太合群，他们拒绝无效社交，他们更喜欢把时间花在投资和提升自己的事情上。

6. 朋友聚会，如果观察到谁被冷落了，记得过去和他打个招呼简单问候一声。

7. 外表越是锋芒毕露，内心越是虚弱。

8. 你可以瞧不起谁，但是不要轻易表现出来。

9. 不要试图考验爱情，别让闺蜜帮你考验伴侣，别去翻对方手机，因为很可能你会陷在里面走不出来。

10. 在别人面前特别喜欢表现自己的人，往往更希望获得他人的认同。

11. 能承受并享受孤独的人往往经历过许多你无法想象的磨难。

12. 好友、亲戚之间尽量不要有合作和生意上的往来。

13. 多接触比你层次高的人，向更优秀的人学习，学会向上交往，才能接触到更加优秀的思想和认知。

14. 成功的经验只可借鉴，复制却很难，因为每个人是不同的个体，每一个细胞都不相同。

15. 赚钱和顺风顺水的事，多和父母、伴侣分享，其他人都尽量少说。

16. 善于巴结讨好的人，大多人品一般，甚至连一般的程度都达不到。

17. 不要把自己的能力和实力完全展露，留下核心的一小部分，必要时再用。

18. 小孩子闹矛盾才说"再也不和你玩了"，成年人的绝交都是在悄无声息中完成的。

19. 一个人的朋友圈并不能完全代表他真实的样子，只能代表他想要成为的样子。

20. 贪小便宜的人，大多难成大事；欺软怕硬的人，多是小人而非君子。

21. 如果你很富有，请不要四处宣扬；如果你很穷，也不要让所有人知道你穷到什么程度。

22. 看起来很聪明的人，一般只是小聪明；真正聪明的人，往往"中庸守拙"。

23. 如果你和一个人相处起来如沐春风，那么对方很可能是在向下兼容你，他的思想很可能远远超出你的认知层次。

24. 低级的圈子相互拉踩，高级的圈子抱团取暖。

25. 骗过你的人，大概率还会继续骗你；伤害过你的人，又怎么可能只伤害你一次。别幻想一个人会突然改过自新，伤害过你的人又回头对你好，除非太阳从西边出来，或者他主动愿意做出改变。

26. 偶遇的饭局或临时邀约尽量不要去，如果对方没有第一时间邀请你，那大概率这场饭局跟你没什么关系，你要是去了，那么对方以后很可能会对你更加随意。

27. 在没有做成一件事情之前，千万不要就奔走相告所有人，言以泄败，事以秘成。

28. 远超同龄人的方法其实很简单，他们吃饭的时候你吃亏，他们睡觉的时候你做事，几年之后你且回头看看。

29. 犹豫吃不吃的时候不吃，犹豫买不买的时候不买，犹豫做不做的时候去做。

30. 不要在夜晚做任何决定，不要在情绪波动很大时发朋友圈，朋友圈是用来展现你个人价值的，不是让别人看你宣泄负能量的垃圾桶。

后记

致每一个独自走出低谷，依然大步朝前的人

不知不觉中，写到了最后一章的最后一篇文字，恍然间，我才二十七岁，但我已经二十七岁了。

这本书写于 2022 年，我从怀着忐忑、谨慎、要对我的每一位读者负责的态度执笔，到一个个故事最终走向完结，它们记录着我二十七岁之前的故事和人生。

2022 年对于我来说是特别值得纪念的一年，这一年，我开始创业，萌生了创立品牌的想法，做了许多事业上的规划，也成了我一直以来想要成为的人——作家。

我用尽十八般武艺，按照自己的理想和规划一步步往前走。

我把迎面涌来的每一个困难视作最珍贵的礼物，再把它们逐一攻破，然后一次次发生质的飞跃。

这一年，我受到了更多人的关注，我的言行、生活都曾被更大限度地曝光，我苦恼过，不自在过，不知所措过，但最后这些都使我变得更加自信与从容。

这一年，我的能量越来越强，吸引来了不同的人、事、物，

并且从中学会更加从容地应对，对内耗和纠缠的关系做断舍离。

这一年，有很多人需要我，很多人想和我成为朋友，我变得更加有价值，并且永远精力充沛。

这一年，我不再属于我一个人，但另一方面也更加属于自己。

做好自己该做的，每一个人都可以尽情地主导自己的人生。

为人处世，我不擅长心机与手段，但我能让自己永远充满价值，先成为那个被需要和无可替代的人。

我还没遇到能引领我去向更好的地方的伯乐，但已有许多人将我视作伯乐。

人生从来都没有随随便便的成功，多的是背后无数次苦心孤诣的坚持和不为人知的辛酸努力。如果你要我总结如何才能获得成功，那么我会这样告诉你：

"想要成为什么样的人就去行动吧！先把事情做给自己看，看看自己满意不满意。而不是做了一丁点努力，逢人便把自己的辛劳放大许多倍，生怕别人不知晓，那便很难取得真正意义上的成功。"

我想我们已经不单单是笔者和读者之间的关系了，我们已经一起走过了人生中许许多多的重要时刻，我们已然是朋友，在某些相互治愈的时刻里见到过、遇到过。

有明媚有暗淡，有苦涩亦有重生。

我不知道此刻在这本书面前的你是否在某个字里行间的交汇

处曾被我的文字打动，又或许在某个夜深人静的时候你我已产生过许多共鸣。但请你相信，我已然把全部的真诚和目之所及的人生经验放在了这里，希望它们也可以为你带去些许光明和力量，如果同样治愈了你人生中某些艰难的时刻，我将感到无比荣幸，谢谢你们！

我希望我的文字是可以帮你解决问题的最有用的钥匙，帮助你应对人生中一些棘手的难题，甚至是那些无法再逆转的事情。我希望你也可以手有利刃，心有力量，甚至能以毒攻毒，只要你最终可以清醒、重新生活，找到属于自己的人生轨道。我希望你最后能成为自己的心理医生，能够随时深度地与自己对话和交流。

反思、总结、提升、精进，这将是我们人生进步最快的途径。

很喜欢《心火》中的一段歌词：
没深夜痛哭过，怎么会有资格，谈论命运生活？
宁可壮烈地闪烁，不要平淡的沉默，别问这是为何。
……
捧着心，面对火，害怕却不退缩，所有置我于死地的，也激发我胆魄。
狠下心，蹚过火，重生在缝补过的躯壳。
……
听到的人为我证明了，这世界我来过。
致每一个独自走出人生低谷，依然大步朝前的人！

不论是谁出现了又离开，是谁令我们陷入不好的境地，我们都不要用愤怒伤害自己,不要自暴自弃,可以一笑置之。或者说,更加高级的处理方式是放过别人,因为放过别人也等于放过自己。

高光时惠及他人,低谷里要好好爱自己。

一个独自从谷底爬出来的人,更加清楚自己想要的是什么,更能看清楚人性的多种表现。强大的人不需要求得别人的认同才能生活,他们清楚地知道自己是谁,永远对自己有着理性、客观和准确的判断。

少张望别人的生活,多汲取自我生命中的养分,多与昨日的自己比较,看看哪里还能做得更好,还可以成为更好的人,然后不遗余力地向上攀登。

一位读书界领军人物曾讲过这样一句话,在这里也分享给你们:

"什么是最好的人生方向?就是不论命运把你抛到哪个点,你都可以就地展开做力所能及的事情,行所当行,这就是最好的人生方向。"

一个人的履历越丰富,看待事物就会越全面。这样的我们会站在每一个人不同的认知层面与其对应,体悟渐渐升高,处理事情就会游刃有余。

"即使明日的我不知道将要去向何方,但我的内心永远是安稳的,是无惧外界变化的,是始终相信自己的。"

你可以成为你想要成为的样子,永远都不晚。

种一棵树最好的时间是十年前,其次就是现在。

未来,我还想成为一个作词人,音乐一直都是我生命中特别重要的一部分。

我们生来都是可爱的女孩子,但很多时候我们不妨试着"雌雄同体",做一个外表温柔似水,内心坚定如磐石,像男人一样豪迈驰骋的人。

这样的我们会更具吸引力,愿我们都能活出属于自己的精彩人生!

而爱情,有时候是奢侈的东西,有它很好,没有也没关系。

"那你还相信爱情吗?"

关于这个话题,也许每个人心中都有自己的答案。有的人经历感情的失败,便扬言再也不相信爱情了;也有人说,我不相信爱情,但我相信那个人。

"雪柔,那你呢?你还相信爱情吗?"

以前别人问我这个问题,我的答案一直很模糊:

"或许,相信吧……"

在历经了人潮汹涌、人来人往后,我确信了自己心中的答案:

"我不相信爱情每分每秒都存在,但我永远相信用心经营爱的那个人。"

但亲爱的你呀,要先学会好好地爱自己。

只有你更加宠爱自己,才不会在爱里"牺牲",至少不会在爱情离开时输得惨烈。

爱自己,才是终身浪漫的开始。

愿你所遇之人永远不会"开小差",希望你永远遇不到已婚还肆意撩骚的人,希望你永远不用经历无缘由的伤害和不知所以的离开。

愿你能和对的人早一点相遇,希望你可以遇到一个旗鼓相当、精神同频的人,你们可以是事业上的盟友、精神上的朋友,更是余生相伴的爱人。

"亲爱的你躲在哪里发呆,
有什么心事还无法释怀。
我们总把人生想得太坏,
像旁人不允许我们的怪。
……
好担心没人懂你的无奈,
离开我谁还把你当小孩。
……
你给我这一辈子都不想失联的爱,
相信爱的征途就是星辰大海。"

希望令人难忘的爱恋永不失联,人生不再有伤悲和离散!

我希望有一位先生，令我初见欢喜，伴时心安，久处仍怦然。

陪我到世界尽头，走到两鬓斑白，谈一场永不分离的恋爱。

但我必须承认，我还没找到我的他，或者说，我们还未走到彼此相遇的光景里。

那么，就请在还未遇见的年岁中，各自丰饶，各自期待。

我在前方等你！